Gymnasium

Deutschbuch

Förderheft 7

Lesetraining
Texte schreiben
Rechtschreibung
Grammatik

Herausgegeben von
Cordula Grunow,
Bernd Schurf und
Andrea Wagener

Erarbeitet von
Agnes Fulde, Michael Germann,
Thomas Reuter und
Frank Schneider

Name: ______________________

Klasse: ____________

Cornelsen

Inhaltsverzeichnis

Klebe neben jede **erledigte und mit dem Lösungsheft kontrollierte Aufgabe** einen Aufkleber vom beiliegenden Blatt.

Lesen – Umgang mit Texten

Schreiben

Nachdenken über Sprache – Rechtschreibtraining

Nachdenken über Sprache – Grammatiktraining

Texte lesen und verstehen

1 **Welche Tricks helfen dir, einen Text besser zu verstehen? Notiere sie im folgenden Fragebogen.**

Welche Lesetricks wende ich an?

Fragebogen ?

1. So gewinne ich einen Überblick über den Inhalt des Textes:

____

____

2. So gehe ich beim ersten Lesen vor:

____

____

3. So erschließe ich Wörter oder Textstellen, die ich nicht sofort verstehe:

____

____

____

4. So gehe ich vor, um den Text gut zu verstehen:

____

____

____

5. So kann ich zeigen, dass ich den Text gut verstanden habe:

____

____

____

Mit den **Textknackern** auf den Seiten 4 bis 9 wirst du ein Leseprofi!

Textknacker für Sachtexte

TEXT Textknacker: Die Überschrift(en) und die Bilder nutzen

1 Überfliege den Text auf Seite 5:

a Unterstreiche die wichtigen Informationen in der Überschrift und in den Zwischenüberschriften.

b Schau das Foto zum Text an. Notiere, was es zeigt.

____

c Notiere knapp mit eigenen Worten, worum es in diesem Text geht (Thema).

____

2 Was weißt du schon über dieses Thema? Notiere dein Vorwissen in Stichworten.

____

3 Welche Informationen erwartest du zu diesem Thema? Schreibe W-Fragen dazu auf.

- [ ] 1. Was ______________________________ ?
- [ ] 2. Wer ______________________________ ?
- [ ] 3. Wo ______________________________ ?
- [ ] 4. Wie ______________________________ ?

4 a Lies den Text einmal zügig durch und umkreise dabei dir unbekannte Wörter.

b Kreuze bei Aufgabe 3 die Fragen an, zu denen der Text Informationen bietet.

c Beantwortet der Text weitere Fragen? Wenn ja, notiere sie knapp in deinem Heft.

5 Arbeite diese Checkliste zum Textknacker aus: Streiche Falsches durch und fülle die Lücken. Falls du Hilfe brauchst, lies diese Seite noch einmal durch.

1. Textknacker: Die Überschrift(en) und die Bilder nutzen

Checkliste

Aus der Überschrift kann ich entnehmen, ______________________________ .

Falls es Bilder/Fotos gibt, geben sie mir weitere ______________________________ zu diesem Thema.

Bevor ich den Text lese, überlege ich, wer den Text geschrieben hat/welche Fragen ich zum Thema habe.

Danach werde ich den Text zügig durchlesen/meine Fragen selbst beantworten.

Aufgepasst: Tieffliegende Stoffbälle!

Von Thomas Reuter

Früher spielte man Boule oder auch Boccia – doch das ist out. Angesagt ist die sehr trendige Variante in 3 D: „Crossboccia", auch „Streetboccia" oder „Crossboule" genannt. Diese junge Sportart ist in den letzten zwei Jahren rasant gewachsen, sie zählt mittlerweile an die 50 000 Anhänger. Crossboccia bietet die Möglichkeit, jeden beliebigen Ort zum Spielfeld zu machen. Es ist ein Spiel für mindestens zwei Personen und es kann fast überall ausgeführt werden, sowohl im urbanen Umfeld als auch in der Natur, im Haus so gut wie draußen. Treppen und alte Industrieanlagen ziehen Crossboccia-Spieler geradezu magisch an. Die Freiheit der Gestaltung macht den Reiz dieses neuen Spiels aus, außerdem bewegt man sich beim Spielen viel und legt teils weite Strecken zurück. Das ist wohl der Grund für die schnelle Verbreitung sowie den Enthusiasmus, den Crossboccia bei Jung und Alt weckt.

Trendsport Crossboccia: In Kürze erklärt

Crossboccia wird ähnlich gespielt wie Boule, aber man benötigt eine andere Art von Equipment dafür. „Der Ball hat es in sich", erläutert Timo Beelow, einer der Erfinder des Trendsports. Jeder Spielende erhält

drei mit Kunststoffkörnern gefüllte Bälle. Die Füllung verhindert, dass die Bälle auf unebenem Gelände zu weit oder unkontrolliert rollen. Die beiden Ummantelungen bestehen aus Kunstfaserstoff (Polyester) und sind doppelt vernäht, um die Bälle besonders widerstandsfähig zu machen. Ihr besonderes Material ermöglicht es auch, mit festen Würfen über Bande zu spielen. Die Bälle können sogar über Wasserflächen springen, wenn man sie geschickt wirft. Wenn sie ins Wasser fallen, schwimmen sie. Zudem benötigt man eine kleine weiße Kugel, auch „Schweinchen" oder „Marker" genannt.

Die Regeln sind schnell erklärt: Wie beim Boule wirft man zuerst die kleine weiße Kugel. Jeder Spieler versucht anschließend, seine drei Bälle so nah wie möglich an diese heranzuwerfen. Für jeden Ball, der näher am Schweinchen liegt als der eines anderen Spielers, gibt es einen Punkt. Liegen mehrere Bälle gleichauf, nennt man das „Draw". Dann bekommt jeder einen Punkt. Die Bälle können auch ganz oder teilweise aufeinanderliegen. Diese Lage heißt „Kill" und wird nicht gewertet. Die interessanteste Art zu punkten ist jedoch durch „Combos". Hierzu müssen sich zwei der Bälle berühren und einer muss näher zum Schweinchen liegen als der Ball des Gegners. Dafür gibt es dann gleich drei Punkte in der Wertung. Sollten sich gar drei der Bälle berühren und näher zum Schweinchen liegen, bekommt man sechs Punkte. Sieger ist, wer als Erstes 13 Punkte gesammelt hat. Um zu gewinnen, muss der Vorsprung zum nächsten Spieler jedoch mindestens zwei Punkte betragen. Gelingt dies nicht, wird wie beim Tischtennis weitergespielt.

Crossboccia-WM in Duisburg

Timo Beelow genießt bei der zweiten Crossboccia-Weltmeisterschaft im Landschaftspark Duisburg-Nord das Treiben um ihn herum: Laute Musik beim Spielen, ausgeflippte Teamnamen – all das gehört hier zum guten Ton. Scharfe Böen wehen am Samstag über das Gelände. Es läuft die zweite Spielrunde des Teamwettbewerbs. Mehr als 100 Crossboccia-Spieler schmeißen ihre Wurfsäcke durcheinander. Timo Beelows Mannschaft liegt knapp in Führung. Sein Teamkollege wirft das Schweinchen, das es mit den eigenen Wurfsäcken zu erreichen gilt. Das Schweinchen prallt mit einem leisen „Plumps" auf ein Hindernis, fliegt in hohem Bogen darüber hinweg und landet so unglücklich, dass es fast hinter einer Mülltonne verschwindet. Die Jagd nach dem „Schweinchen" wird jetzt zu einer ganz besonderen sportlichen Herausforderung. Hier sind Kreativität und Geschicklichkeit gefragt: Einsatz fast ohne Grenzen. Dennoch bleibt man fair: Keiner der Kontrahenten macht Anstalten, die Position des Schweinchens zu verändern. „Geworfen ist geworfen", erklärt Crossboccia-Erfinder Beelow. „Das ist ja das Schöne an dem Sport. Hier ist Flexibilität gefragt: ‚Geht nicht' gibt es nicht!" Und so werfen sie ihre bunten Granulatsäckchen auf, hinter und neben die Tonne. Der Sieger ist schnell ermittelt: Ein Ball berührt das Schweinchen, Punktsieg für Beelows Team.

Aus: www.meerbuschsportblog.com (aufgerufen: 10. 12. 2013)

TEXT Textknacker: Mit schwierigen Wörtern umgehen – 3 Methoden

Drei Methoden helfen dir, mit schwierigen Wörtern in einem Text umzugehen:
Methode 1: Du kommst **ohne das Wort** aus, z. B.: *Früher spielte man Boule ...* – egal, spielt keine Rolle mehr.
Methode 2: Du verstehst das Wort **aus dem Zusammenhang** heraus, z. B.:
... auch „Schweinchen" oder „Marker" genannt." – Der „Marker" markiert offenbar das Ziel für die Würfe.
Methode 3: Du musst die **Bedeutung nachschlagen,** z. B.: *„urbanes Umfeld"* – *in der Stadt.*

1 **Du hast den Text bereits zügig durchgelesen und unbekannte Wörter umkreist (▸ Seite 4, Aufgabe 4 a).**

a Kläre für die folgenden Wörter ihre Bedeutung und gib die Ziffer der Methode an, die dir dabei geholfen hat.

Boccia (Zeile 1): ____________	☐	Combos (Zeile 46): ____________	☐
Enthusiasmus (Zeile 17): ____________	☐	Kontrahenten (Zeile 76 f.): ____________	☐
Draw (Zeile 42): ____________	☐	Flexibilität (Zeile 80): ____________	☐

b Notiere weitere Wörter, die du umkreist hast, und gib ihre Bedeutung und die Methode an, die dir beim Verstehen geholfen hat. Schreibe in dein Heft.

TEXT Textknacker: Den Text in Sinnabschnitte gliedern

2 **a Lies den Text ein zweites Mal und genau: Er hat vier Sinnabschnitte, trage für jeden die Zeilenzahl in die linke Spalte ein.**
b Verbinde jeden Sinnabschnitt mit einer passenden Zwischenüberschrift: Ziehe eine Linie.

Sinnabschnitt 1: Zeile __1__ bis ____	Eindrücke von einem Wettkampf
Sinnabschnitt 2: Zeile ____ bis ____	Die Regeln des Spiels
Sinnabschnitt 3: Zeile ____ bis ____	Gründe für die Beliebtheit von „Crossboccia"
Sinnabschnitt 4: Zeile ____ bis ____	Das Spielmaterial

3 **Arbeite diese Checkliste zu den Textknackern aus: Streiche Falsches durch. Falls du Hilfe brauchst, lies diese Seite noch einmal durch.**

2. und 3. Textknacker: Schwierige Wörter und Sinnabschnitte — Checkliste

Schwierige Wörter muss ich immer/nie/manchmal nachschlagen. Einige schwierige Wörter kann ich durch ihre Position im Satz/durch den Textzusammenhang/durch ihre Schreibweise entschlüsseln.

Mit Sinnabschnitten kann man einen Text entwirren/übersichtlich gliedern.

Textknacker: Informationen übersichtlich festhalten

1 **Schritt 1 – Sich die wichtigen Gesichtspunkte für jeden Sinnabschnitt klarmachen:**
Jeder Sinnabschnitt des Textes auf Seite 5 informiert über einen anderen Gesichtspunkt der Trendsportart „Crossboccia“. Markiere in den Zwischenüberschriften bei Aufgabe 2, Seite 6, die wichtigsten Gesichtspunkte.

2 **Schritt 2 – Wichtige Informationen im Text suchen und unterstreichen:**
Unterstreiche im Text Schlüsselwörter, die Informationen zu den wichtigen Gesichtspunkten enthalten.

> **Schlüsselwörter** sind die wichtigsten Wörter in einem Satz oder Textabschnitt. Häufig sind es **Nomen.**
> In der Nähe der Schlüsselwörter findest du oft **wichtige Informationen.**

3 **Schritt 3 – Die wichtigsten Informationen übersichtlich festhalten:**
Sammle die wichtigen Informationen in der folgenden Mind-Map.

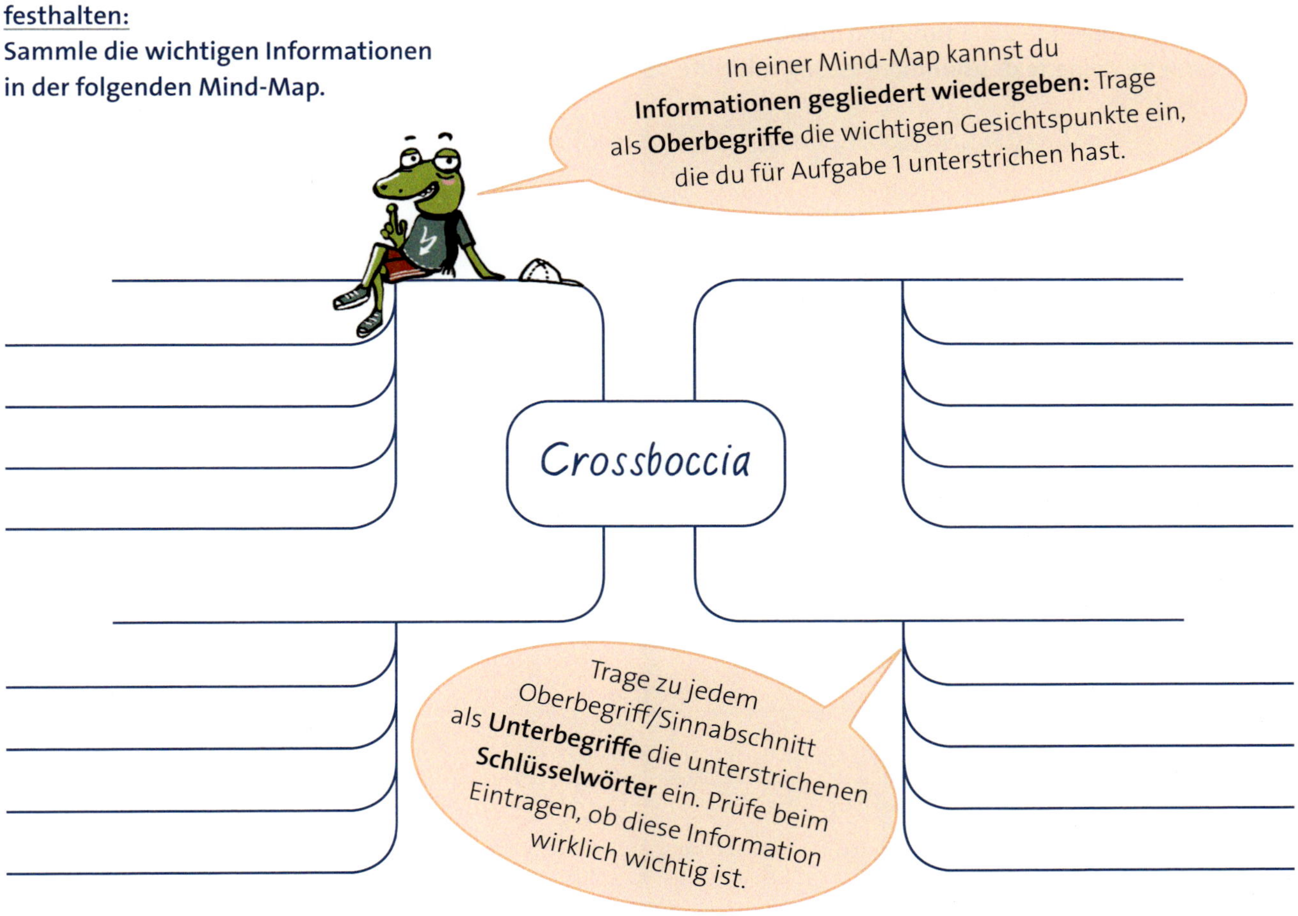

4 **Arbeite diese Checkliste zu den Textknackern aus: Fülle die Lücken.**
Falls du Hilfe brauchst, lies diese Seite noch einmal durch.

4. Textknacker:
Informationen übersichtlich festhalten — **Checkliste**

1. Schritt: Ich lege für jeden Sinnabschnitt ______________________________ oder meine Fragen fest.

2. Schritt: Ich markiere im Text die ______________________________ dazu.

3. Schritt: Ich stelle die Informationen übersichtlich geordnet dar, z. B. in einer ______________________ .

Einen Sachtext zusammenfassen

In einer Textzusammenfassung informierst du andere, die den Text nicht gelesen haben, knapp und sachlich über den Inhalt des Textes.
- In der **Einleitung** nennst du den Titel, den Namen des Verfassers/der Verfasserin (soweit möglich auch die Quelle, z. B. Name der Zeitung/Zeitschrift mit Erscheinungstag oder Internet-Website mit dem Datum, an dem du die Website zuletzt aufgerufen hast) und das Thema des Textes.
- Im **Hauptteil** fasst du die wichtigsten Informationen kurz, sachlich (ohne persönliche Wertungen) und mit eigenen Worten zusammen.

Schreibe im **Präsens** (Vergangenes/Vorzeitiges im Perfekt).

1 a **Nutze die Mind-Map (► Seite 7, Aufgabe 3) für die Zusammenfassung des Textes. Ergänze die folgende Einleitung und arbeite den Hauptteil aus.**
b **Überarbeite deine Textzusammenfassung mit Hilfe der Checkliste am Ende dieser Seite.**

Einleitung: *In dem Sachtext „Aufgepasst: Tieffliegende Stoffbälle!“ von Thomas Reuter, veröffentlicht in einem*

Sportblog mit dem Namen ________________ *(aufgerufen am* ________ *),*

geht es um ________________

Hauptteil: *Crossboccia ist sehr beliebt, weil* ________________

____

____

____

____

____

____

____

____

Eine Textzusammenfassung überarbeiten

Checkliste

Hast du ...
- in der Einleitung den **Titel,** den **Verfasser** (ggf. die Quelle mit Datum) und das Thema des Textes genannt?
- im Hauptteil **alle wichtigen Informationen** erfasst?
- **knapp** geschrieben, also Überflüssiges und Wiederholungen weggelassen?
- **sachlich** und ohne persönliche Wertungen geschrieben?
- Informationen **mit eigenen Worten** wiedergegeben, also nichts abgeschrieben?
- das **Präsens** verwendet (bei Vorzeitigkeit das Perfekt)?
- **Rechtschreibung** und **Zeichensetzung** überprüft?

Begleiter des Textes verstehen: Schaubilder, Fotos, Grafiken

Oft werden Sachtexten Fotos und Schaubilder beigefügt. Sie helfen dir, den Inhalt eines Textes noch genauer zu verstehen.

1 a **Was erklärt das folgende Schaubild? Kreuze an.**

Das Schaubild erklärt ...

A ☐ wie man einen Crossboccia-Ball nähen kann.

B ☐ die Flugeigenschaften eines Crossboccia-Balls.

C ☐ den Aufbau eines Crossboccia-Balls im Anschnitt.

D ☐ die Farbeigenschaften eines Crossboccia-Balls.

b **Welche Informationen des Textes auf Seite 5 veranschaulicht das Schaubild? Prüfe im Text und trage die Zeilenangaben ein.**

Das Schaubild veranschaulicht die Informationen, die im Text in Zeile _______ bis Zeile _______ gegeben werden.

2 a **Das folgende Foto mit ergänzenden Abbildungen vermittelt vier Informationen über Crossboccia-Bälle: Notiere, welche dies sind.**

Die Abbildungen zeigen, dass ...

1. ____________________________________

2. ____________________________________

3. ____________________________________

4. ____________________________________

b **Zwei der abgebildeten Informationen gibt auch der Text auf Seite 5: Ergänze die folgenden Sätze.**

Dass der Ball ____,

erklärt der Text in den Zeilen _______ bis _______ .

Dass der Ball ____,

erklärt der Text in den Zeilen _______ bis _______ .

3 a **Kreuze an, welche der folgenden Informationen die Grafik zeigt.**

Die Grafik zeigt, …

A ☐ für welches Alter Crossboccia geeignet ist.

B ☐ wo man Crossboccia spielen und wie man werfen kann.

C ☐ in wie vielen Runden Crossboccia gespielt wird.

D ☐ wie beliebt Crossboccia ist.

b **Notiere, über welche beiden Spielweisen die Grafik informiert und in welchen Zeilen der Text (auf Seite 5) darüber informiert.**

____

____

4 a **Was stellt die folgende Grafik dar? Erkläre mit eigenen Worten.**

____

____

____

____

____

____

____

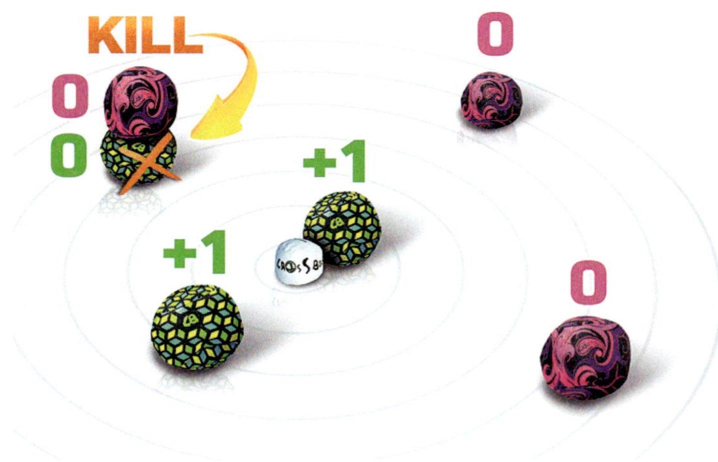

b **Zu welchem Abschnitt des Textes auf Seite 5 macht die Grafik die Informationen anschaulich? Trage die Zeilenangaben ein.**

Die Informationen, die die Grafik zeigt, werden im Text in den Zeilen ________ bis ________ erklärt.

c **Erkläre auch mit Bezug auf die angegebene Textstelle, welchen Spielstand die Grafik zeigt.**

____

____

____

Einen erzählenden Text untersuchen

1 **Wende den 1. Textknacker von Seite 4 an und kläre vor dem ersten Lesen, worum es in dieser Kalendergeschichte geht. Schreibe deine Vermutung auf.**

2 **Lies die Kalendergeschichte.**

Martin Auer

Herr Balaban fällt in den Brunnen (2002)

Einmal ging Herr Balaban durch die Fußgängerzone, wo der Stadtrat einen Brunnen mit einem Wasserbecken hatte bauen lassen. Herr Balaban war so in Gedanken, dass er am Brunnenrand stolperte und fast in das Wasserbecken hineingefallen wäre. Ein Bekannter aber sprang herzu und hielt ihn fest.
Im Kaffeehaus erzählte der Bekannte gleich, wie zerstreut Herr Balaban war und dass er ihn davor bewahrt hatte, in das Brunnenbecken zu fallen. Jedes Mal, wenn er ihn traf, rief er aus: „Ah, da kommt ja unser zerstreuter Herr Balaban! Wissen Sie noch, wie Sie damals fast in den Brunnen gefallen wären, wenn ich Sie nicht rechtzeitig festgehalten hätte?"
Einmal ging Herr Balaban durch die Fußgängerzone, da kam ihm wieder dieser Bekannte entgegen. Herr Balaban, der schon genug davon hatte, ewig an die Geschichte mit dem Brunnen erinnert zu werden, tat so, als ob er ihn nicht bemerkte, und versuchte, unauffällig an ihm vorbeizukommen.
„Aber Herr Balaban, rennen Sie doch nicht an mir vorbei, ich bin doch Ihr Schutzengel, ohne den Sie damals ins Wasser gefallen wären!"
Da sprang Herr Balaban mit einem Satz in das Wasserbecken, legte sich auf den Bauch, um ganz unterzutauchen, und schrie: „So, jetzt bin ich genauso nass, wie ich geworden wäre, wenn ich Sie nie getroffen hätte. Und ab jetzt lassen Sie mich bitte wieder in Ruhe!"

3 **a Notiere im Heft deinen ersten Leseeindruck.**
b Zeige dein Textverständnis, indem du für jede der folgenden Aussagen ankreuzt, ob sie zutrifft oder nicht.

	trifft zu	trifft nicht zu
A Herr Balaban fällt zweimal in den Brunnen, wird aber einmal gerettet.	☐	☐
B Ein Bekannter von Herrn Balaban erzählt im Kaffeehaus, wie Herr Balaban in den Brunnen gefallen ist.	☐	☐
C Herr Balaban streitet sich mit einem Bekannten, weil er ihn nicht gerettet hat.	☐	☐
D Herr Balaban springt einmal absichtlich in den Brunnen.	☐	☐
E Herr Balaban erzählt überall gern, wie er einmal davor bewahrt wurde, in den Brunnen zu fallen.	☐	☐
F Herr Balaban freut sich, wenn er den Bekannten trifft, der ihn gerettet hat.	☐	☐

Die Handlung erschließen

Die **W-Fragen** helfen, das Wichtigste über einen Text herauszufinden: **Wo** und **wann** die Geschichte spielt, bleibt in Kalendergeschichten oft unbestimmt. – **Wer** ist am Geschehen beteiligt? – **Was** geschieht? – **Warum** geschieht es?

1 **Wo und wann spielt die Geschichte? Notiere kurz.**

2 **Wer? In der Kalendergeschichte „Herr Balaban fällt in den Brunnen" gibt es zwei wichtige Figuren. Schreibe links auf, mit welcher Figur die Geschichte beginnt, und notiere rechts die zweite Figur.**

3
a **Was geschieht? Lies die Kalendergeschichte erneut und markiere für jede der beiden Figuren die Handlungsschritte: Verwende zwei Farben.**
b **Fasse die Handlungsschritte in der nachfolgenden Übersicht knapp mit eigenen Worten zusammen: Schreibe bei 1. bis 5. auf die Linien. Die Gedankenblasen bleiben erst einmal leer.**

1.

2.

3.

4.

5.

Die Figuren untersuchen

1

a **Unterstreiche in der Kalendergeschichte auf Seite 11 die wörtliche Rede.**

b **Beschreibe die Gesprächssituationen, in denen sie vorkommt: Wer spricht mit wem? Auf welche Weise spricht er?**

1. *Der Bekannte spricht Herrn Balaban bei jeder Begegnung an. Er redet* ______

2. *Einmal* ______

3. ______

c **Streiche im folgenden Satz die unzutreffenden Beschreibungen der Gesprächssituationen durch.**

Wenn Herr Balaban und sein Bekannter sich treffen, verläuft die Unterhaltung lebhaft/einseitig/freundschaftlich.

2

Die folgenden Adjektive geben das Verhalten des Bekannten von Herrn Balaban knapp wieder: Notiere die Textstellen, zu denen sie passen, und fasse stichwortartig zusammen, was der Bekannte macht.

	Textbeleg: Zeilen	Verhalten in Stichworten
A zupackend, hilfsbereit		
B geschwätzig		
C aufdringlich		

3

a **Lies den Text auf Seite 11 erneut und prüfe: Wo wird deutlich, wie Herr Balaban sich fühlt? Setze dort ein Ausrufezeichen neben den Text.**

b **Trage neben den Handlungsschritten 3 und 5 auf Seite 12 stichwortartig in die Gedankenblasen ein, welche Gefühle Herr Balaban hier hat.**

4

Stelle dir vor, Herr Balaban trifft zu Hause auf seine Tochter: Wie erklärt er ihr, was geschehen ist? Schreibe in die Sprechblase.

Die Lehre erkennen und erklären

Die Frage **„Warum?"** ist zugleich die Frage nach dem Thema des Textes (Kernaussage). **Kalendergeschichten** werden erzählt, um die Leser/Leserinnen zu einem besseren Verhalten zu erziehen. Sie enthalten eine **Lehre,** die sich **meist** mit einer **Pointe** offenbart, also einer überraschenden Wendung.

1 **Untersuche, mit welcher Absicht die Kalendergeschichte auf Seite 11 erzählt wird:**

a **Beschreibe die Pointe am Schluss der Kalendergeschichte.**

Der Bekannte von Herrn Balaban erinnert diesen ständig an sein Missgeschick. Zudem will er für seine Hilfestellung immerzu bewundert werden und erwartet Dank. Herr Balaban versucht schließlich, dem Bekannten für immer zu entkommen, indem er

b **Formuliere die Lehre aus, die die Kalendergeschichte gibt.**

Die Kalendergeschichte „Herr Balaban fällt in den Brunnen" ermahnt den Leser, sich nach erfolgten Hilfestellungen nicht selbst zu loben. Vor allem darf man dem Menschen, dem geholfen wurde,

Eine Inhaltsangabe schreiben

Fasse in einer **Inhaltsangabe** einen Text knapp und sachlich so zusammen, dass andere, die ihn nicht gelesen haben, über das Wesentliche informiert werden. Nenne in der **Einleitung**

- die Art des Textes (z. B. Kalendergeschichte, Kurzgeschichte),
- den Titel und den Namen des Autors/der Autorin,
- das Thema des Textes.

1 **Prüfe jeden der folgenden Einleitungssätze: Enthält er alle wesentlichen Informationen? Kreuze an.**

Der Einleitungssatz ist …	richtig	falsch
A *Jn der Geschichte über Herrn Balaban von Martin Auer geht es darum, wie man sich an einem Menschen rächt, der einem einmal geholfen hat.*	☐	☐
B *Diese Kalendergeschichte handelt von Herrn Balaban und einem Bekannten, die sich streiten, weil der Bekannte Herrn Balaban immer aus dem Brunnen hilft.*	☐	☐
C *Die Kalendergeschichte „Herr Balaban fällt in den Brunnen" von Martin Auer führt dem Leser vor Augen, dass man Menschen, denen man einmal geholfen hat, nicht ständig an ihre frühere Notlage erinnern soll.*	☐	☐

2 **a** **Mira hat den ersten Handlungsschritt der Kalendergeschichte „Herr Balaban fällt in den Brunnen" für den Hauptteil ihrer Inhaltsangabe zusammengefasst. Lies ihren Text.**

Im **Hauptteil** der Inhaltsangabe fasst du die **Handlungsschritte in der zeitlich richtigen Reihenfolge** zusammen. Mache die Zusammenhänge der Handlung (z. B. zeitliche Zusammenhänge) durch **passende Satzverknüpfungen und Satzanfänge** deutlich, z. B.: *als, während, nachdem, weil, obwohl, sodass, denn, damit, aber, jedoch, um, zuerst, anfangs, dann, daraufhin, anschließend, abschließend, zum Schluss.*

Herr Balaban geht in der Fußgängerzone spazieren und stolpert über einen Brunnenrand. Ein Bekannter fängt ihn auf. Herr Balaban fällt nicht in den Brunnen. Der Bekannte geht ins Kaffeehaus und erzählt jedem von Herrn Balabans Missgeschick.

b **Beschreibe, wie der Text von Mira wirkt.**

c **Gib Mira einen Tipp, was sie an ihrem Text überarbeiten sollte. Notiere ihn.**

d **Überarbeite Miras Text und schreibe ihn verbessert auf.**

3 **a** **Calvin hat einen Handlungsschritt für seine Inhaltsangabe zusammengefasst. Lies seinen Text.**

Als Herr Balaban wieder mal durch die Fußgängerzone geht, kommt auch der Bekannte schon wieder an. Aber Herr Balaban versucht wenig geschickt, ihm aus dem Weg zu gehen. Der Bekannte ist ein bisschen sauer und ermahnt Herrn Balaban, denn der soll doch gefälligst auf ihn zukommen, schließlich ist er doch sein Schutzengel.

b **Beschreibe den sprachlichen Stil, in dem Calvin seinen Text geschrieben hat.**

c **Überarbeite Calvins Text und schreibe den verbesserten Text auf.**

Schreibe **sachlich und mit eigenen Worten,** aber vermeide Umgangssprache und ausschmückende Formulierungen.

4 **Fasse den folgenden Auszug aus der Kalendergeschichte (▸ Seite 11, Zeilen 20–28) zusammen, ohne wörtliche Rede zu verwenden.**

„Aber Herr Balaban, rennen Sie doch nicht an mir vorbei, ich bin doch Ihr Schutzengel, ohne den Sie damals ins Wasser gefallen wären!“ Da sprang Herr Balaban mit einem Satz in das Wasserbecken, legte sich auf den Bauch, um ganz unterzutauchen, und schrie: „So, jetzt bin ich genauso nass, wie ich geworden wäre, wenn ich Sie nie getroffen hätte. Und ab jetzt lassen Sie mich bitte wieder in Ruhe!“

Verwende in einer Inhaltsangabe **keine** wörtliche Rede. Besonders wichtige Äußerungen von Figuren werden in der indirekten Rede wiedergegeben oder umschrieben, z. B.:
Der Bekannte ruft aus: „Ah, da kommt ja unser zerstreuter Herr Balaban.“ (wörtliche Rede)
Der Bekannte wiederholt stets, da komme der zerstreute Herr Balaban. (indirekte Rede im Konjunktiv I)
Der Bekannte versichert Herrn Balaban ständig, dass er ihn für zerstreut hält. (Umschreibung)

Der Bekannte fordert Herrn Balaban auf, ______________________

____

____

____

____

5 **a** **Mira hat den Schluss der Kalendergeschichte zusammengefasst. Lies ihren Text.**

Am Schluss springt Herr Balaban mit einem Satz in das Wasserbecken und legt sich auf den Bauch, um ganz unterzutauchen. Dabei schreit er den Bekannten an. Er ist jetzt genauso nass, wie er es gewesen wäre, wenn der Bekannte ihn nie getroffen hätte. Der Bekannte soll Herrn Balaban in Zukunft in Ruhe lassen.

b **Streiche in der folgenden Aussage über Miras Text Unpassendes.**

Mira hat den Schluss der Kalendergeschichte mit eigenen Worten/nicht mit eigenen Worten zusammengefasst.

c **Fasse den Schluss der Kalendergeschichte mit eigenen Worten zusammen.**

____

____

____

____

____

____

Eine Inhaltsangabe überarbeiten

1 **Calvin hat den Inhalt der Kalendergeschichte zusammengefasst.**
a Überarbeite seinen Text mit Hilfe der Checkliste unten.
b Schreibe für Calvin auf, was er verbessern muss.

Die Kalendergeschichte zeigt, wie freundliche Hilfsbereitschaft in Aufdringlichkeit umschlagen kann. Gezeigt wird dies am Beispiel des Herrn Balaban, der vor einem unangenehmen Sturz gerettet wurde.
Jn einer nicht näher genannten Stadt ging die Hauptfigur der Kalendergeschichte, Herr Balaban, eines Tages in der Fußgängerzone spazieren. Er traf dabei häufig einen Bekannten, der ihn einmal vor einem Missgeschick bewahrt hatte. Herr Balaban war gestolpert und der Bekannte fing ihn auf. Dieser aber erzählte die Geschichte überall herum und erinnerte Herrn Balaban bei jeder Begegnung daran. Als Herr Balaban den Bekannten eines Tages wieder auf sich zukommen sah, ahnte er schon, dass dieser ihn wieder an sein Ungeschick erinnern würde. Herr Balaban sprang jetzt absichtlich in den Brunnen und schrie, dass ihn niemand mehr an seine Rettung erinnern müsse, denn jetzt liege er ja endlich doch im Brunnen und sei nass.
Der Leser soll aus der Kalendergeschichte etwas lernen: Wenn man jemandem geholfen hat, dann soll man sich nicht selbst dafür loben. Und einen Menschen immer aufs Neue an ein Missgeschick zu erinnern wird von diesem als sehr aufdringlich empfunden.

Eine Inhaltsangabe überarbeiten

Checkliste

Ja, das ist Calvin gelungen.

- Ist die **Einleitung** vollständig (Art des Textes, Titel, Name der Autorin/des Autors, Thema des Textes)?
- Sind **im Hauptteil die wichtigsten Handlungsschritte** zusammengefasst? Wird nur das Wesentliche wiedergegeben?
- Wurden die Handlungsschritte **in der zeitlich richtigen Reihenfolge** dargestellt?
- Werden die **Zusammenhänge der Handlung** durch passende Satzverknüpfungen und Satzanfänge **deutlich?**
- Ist der Inhalt **sachlich** und **mit eigenen Worten** zusammengefasst? Wurde auf Ausschmückungen, persönliche Wertungen und Umgangssprache verzichtet?
- Wurde mit **Verknüpfungen** flüssig formuliert?
- Ist die richtige **Zeitform** (Tempus) verwendet: **Präsens** (bei Vorzeitigkeit das Perfekt)?
- Erscheint **keine wörtliche Rede?**
- Sind **Rechtschreibung** und **Zeichensetzung** richtig?

Nein, das muss Calvin so verbessern: ...

Texte schreiben

Bevor du einen Text schreibst, musst du die **Aufgabe gut verstehen:** Erschließe für die **Planung des Textes** gezielt alle notwendigen Informationen.

1 Wie gut kannst du das Schreiben planen? Arbeite den folgenden Fragebogen durch.

Was hilft mir beim Planen eines Textes? — Fragebogen ?

Die Aufgabenstellung verstehen

? Weißt du, wie du gezielt klärst, was du tun musst?

1. Unterstreiche die wichtigen Informationen in der folgenden Aufgabenstellung.

   Berichte für die Sommerausgabe der Schülerzeitung über den letzten Streich der Abiturienten an eurer Schule.

2. Notiere für jede der folgenden Angaben, um welche Art von Information es sich handelt.

   Adressaten/Leser | Art des Textes | Ort der Veröffentlichung | Thema

   A ______________ : letzter Streich der Abiturienten   C ______________ : Bericht

   B ______________ : Schülerzeitung   D ______________ : Mitschüler/Lehrer

Wissen, was die Textart verlangt

? Weißt du, welches Vorgehen die Art des Textes von dir fordert?

3. Verbinde passend, indem du eine Linie ziehst.

Art des Textes	Ich soll ...	Ich sammle dafür ...
Bericht	einen Standpunkt überzeugend vertreten.	Meinung, Argument(e), Beispiel(e).
Stellungnahme	über das Aussehen eines Menschen informieren.	wichtige W-Fragen und Informationen.
Personenbeschreibung	genau über ein Geschehen informieren.	sichtbare Einzelheiten.

Gezielt Informationen/Ideen sammeln und ordnen

? Kennst du die vier Methoden für die Ideensuche?

4. Notiere zu jedem der folgenden Bilder den Namen der abgebildeten Methode.

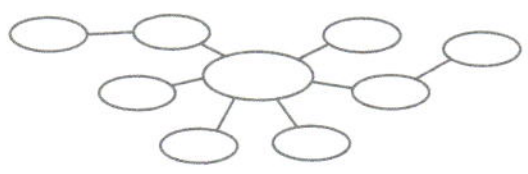
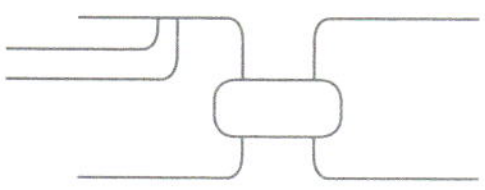
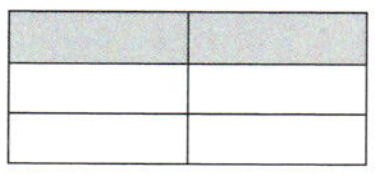

☐ A *Schmierzettel*   ☐ B ______________   ☐ C ______________   ☐ D ______________

5. Kreuze die Methode an, die dir am besten hilft, Informationen/Ideen für einen Text zu sammeln.

Sachlich schreiben: Über ein Ereignis berichten

1. Schritt: Planen
- Informationen sammeln
- Informationen ordnen
- Schreibplan anlegen

2. Schritt: Schreiben
- Text sachlich und genau ausformulieren
- Schreibplan beachten

3. Schritt: Überarbeiten
- Reihenfolge (Schreibplan) prüfen
- Zeitformen der Verben prüfen
- Weglass-/Ergänzungsprobe anwenden

Planen: Informationen sammeln und ordnen

1 Lies den folgenden Blog-Auszug über einen Flashmob im Dortmunder Hauptbahnhof.

Traut euch: Tanz auf ungewohntem Parkett!

Samstag, 11. Mai, Start: 12:00 Uhr

Gemeinsam wollen wir am Samstag in 30 Bahnhöfen der Republik einen Tanz-Flashmob veranstalten. In diesem Jahr ist erstmals auch Dortmund dabei. Eine Stunde vor Beginn, also um 11:00 Uhr, treffen sich einige Dortmunder zum Üben auf dem Bahnhofsvorplatz. Die Tanzschritte findet ihr aber auch im Videoportal. Gemeinsam wollen wir zeigen, dass Tanzen verbindet. Menschen aller Altersgruppen und unterschiedlicher Herkunft werden dieses große Ereignis gemeinsam gestalten und erleben. Have fun!

Bitte beachten – die Grundregeln:
- Die anreisenden Tänzerinnen und Tänzer bleiben bis zum Start unerkannt.
- Wir starten gemeinsam um Punkt 12:00 Uhr mit dem Einsetzen der Musik.
- Der Tanz wird etwa drei Minuten dauern.
- Kleidung: Wir tragen Jeans, ein schwarzes T-Shirt und eine Sonnenbrille.
- Wir hinterlassen keinen Müll und verhalten uns rücksichtsvoll, Werbung ist nicht erlaubt.

Weitere Infos unter: www.dancedortmund.de

Drei Kommentare auf www.dancedortmund.de

HiphopMax 11. Mai um 16:35 Uhr

Erst war alles ganz still, wir standen dann ganz locker in der Bahnhofshalle rum. Als die Musik losging, bekam ich Gänsehaut. Sofort ging es voll ab! Mindestens 150 Menschen haben am Dortmunder Bahnhof mitgetanzt. Toll war, dass Menschen in jedem Alter dabei waren, die meisten waren aber schon Jugendliche.

EmiliaB 11. Mai um 17:18 Uhr

Der ganze Bahnhof war in Bewegung. Wir waren zu viert und mussten aufpassen, dass wir uns nicht verlieren. Nach etwa drei Minuten war dann plötzlich alles wieder vorbei. Nächstes Jahr bin ich wieder dabei! Der Liedermix war außerdem voll genial: klassische und elektronische Musik vereint.

Maria44369 11. Mai um 18:45 Uhr

Ich war heute zufällig am Hauptbahnhof. Um ehrlich zu sein, hat mir dieses Chaos überhaupt nicht gefallen. Meine Kinder (3 und 5 Jahre) hatten zu Beginn des Flashmobs große Angst. Eine solche Veranstaltung muss man doch vorher ankündigen! Ich bin stocksauer auf die Stadtverwaltung, dass sie so etwas zulässt.

Ein Bericht **informiert knapp und genau** über ein vergangenes Ereignis. Er beschränkt sich auf die **wesentlichen Informationen** und beantwortet die **W-Fragen.**

2 **Du möchtest deine Mitschülerinnen und Mitschüler über den Flashmob im Dortmunder Hauptbahnhof informieren: Welche Fragen könnten sie haben? Ergänze den folgenden Cluster.**

Die wichtigen Informationen klären die W-Fragen: **Was** ist geschehen? **Wann? Wo? Wer** hat teilgenommen? **Wie** und **warum** ist es geschehen (Verlauf)? **Welche Folgen** hat(te) das Ereignis (Ausblick)?

3 **Markiere im Blog-Text auf Seite 19 Informationen, die die Fragen im Cluster oben beantworten. Verwende dafür Blau: Was? Wann? Wo? Wer? – Gelb: Wie? Warum? – und Grün: Welche Folgen?**

Einen Schreibplan anlegen

4 **Ordne die markierten Informationen stichwortartig in den nachfolgenden Schreibplan ein.**

Einleitung: Worum es geht

Was geschah? ____________________

Wann geschah es? ____________________

Wo geschah es? ____________________

Wer war beteiligt? ____________________

Hauptteil: Ablauf der Ereignisse in der zeitlich richtigen Reihenfolge

Wie genau geschah es? ____________________

____

Warum kam es dazu? ____________________

Schluss: Folgen/Ausblick

Welche Folgen hat das Ereignis? ____________________

Schreiben: Den Bericht sprachlich gestalten

1 **Ben hat eine Einleitung für seinen Bericht über den Flashmob geschrieben: Sie ist nicht in allen Punkten gelungen.**

a Lies die folgende Einleitung.

Berichte in **sachlicher Sprache:**
- Vermeide erzählende Ausschmückungen, Umgangssprache oder Vermutungen.
- Informiere **knapp,** indem du auf Wiederholungen verzichtest.

Am 11. Mai war es endlich so weit: In einigen großen Bahnhöfen in ganz Deutschland fand der lang ersehnte Tanz-Flashmob statt. Vermutlich waren in ganz Deutschland insgesamt 1000 Menschen daran beteiligt. Der Tanz-Flashmob begann pünktlich um 12:00 Uhr in den Bahnhöfen in Deutschland. Auch am Hauptbahnhof in Dortmund traf sich eine große Gruppe total aufgeregter und fröhlicher Menschen jedes Alters und aus vielen Orten.

b Prüfe für die folgenden Punkte: Was ist Ben gelungen, was sollte er überarbeiten? Kreuze an.

	gut gelungen	muss überarbeitet werden
A	☐ wichtige Informationen enthalten	☐ folgende Information(en) ergänzen: ____________
B	☐ nur Tatsachen dargestellt	☐ Vermutungen weglassen
C	☐ keine Wiederholungen	☐ Wiederholungen streichen
D	☐ Wortwahl sachlich	☐ auf persönliche Wertungen/Adjektive verzichten
E	☐ Darstellung genau	☐ Ausschmückungen fortlassen

c Überarbeite Bens Einleitung: Wende die Weglassprobe an und verbessere die Punkte, die du bei Aufgabe 1 b angekreuzt hast.

d Formuliere eine eigene Einleitung für deinen Bericht über den Flashmob und überarbeite sie.

Mit Hilfe der **Weglassprobe** kannst du Texte straffen und Wiederholungen vermeiden: Prüfe, welche Wörter oder Wendungen **im Text gestrichen** werden sollten, weil sie **überflüssig** sind, sich **wiederholen** oder **umständlich** klingen, z. B.: *Bei einem Flashmob machen ~~irgendwie~~ viele Menschen unerwartet für andere ~~Menschen gemeinsam eine tolle Sache und führen~~ etwas Gemeinsames ~~durch.~~*

____

____

____

____

____

____

2 **a Lies den folgenden Auszug aus dem Hauptteil von Bens Bericht.**

Menschen versammelten sich und warteten auf das Startsignal. Die meisten beachteten die Kleiderordnung, sie trugen Jeans, T-Shirts und eine Sonnenbrille. Um 12:00 Uhr setzte Musik ein. Wie vorher im Internet verabredet, startete die Gruppe mit dem Tanz. Passanten beobachteten den Auftritt, bis die Musik wieder aufhörte.

b Ist die sprachliche Darstellung in diesem Auszug aus dem Hauptteil gelungen? Prüfe und kreuze an.

	gelungen	nicht gelungen
A Ben informiert knapp über das Geschehen.	☐	☐
B Ben informiert genau über das Geschehen.	☐	☐
C Ben gibt wesentliche Informationen zu der Frage „Wie geschah es?“	☐	☐
D Ben informiert in der richtigen zeitlichen Abfolge über das Geschehen.	☐	☐

c Formuliere einen Tipp für Ben: Was sollte er verbessern?

____

3 **a Wende die Erweiterungsprobe an: Trage die Nummern der folgenden Informationen so über den Textzeilen von Aufgabe 2 a ein, dass der Bericht genauer wird.**

Mit Hilfe der **Erweiterungsprobe** kannst du genauer berichten. Prüfe, wo du durch eine adverbiale Bestimmung (Wo? Wann? Warum? Auf welche Art und Weise?) oder ein Attribut (nähere Bestimmung eines Bezugsworts) eine **wichtige Information ergänzen** könntest, z. B.: *Der Flashmob fand statt. – Der neueste Flashmob fand um 12:00 Uhr* (wann?) *in der Eingangshalle des Dortmunder Hauptbahnhofs* (wo?) *statt.*

1 in der Eingangshalle des Dortmunder Hauptbahnhofs | 2 schwarze | 3 laute | 4 gleichzeitig
5 nach vorher einstudierten Tanzschritten | 6 genau drei Minuten lang | 7 plötzlich

b Schreibe den verbesserten Text auf.

____

____

____

____

____

____

____

4 **Streiche im folgenden Tipp jeweils die falsche Zeitform durch.**

Da ein Bericht über vergangene Ereignisse informiert, wird er im Präteritum/Plusquamperfekt geschrieben, z. B.: *Der Flashmob startete pünktlich.*
Verwende das Präteritum/Plusquamperfekt, wenn etwas bereits zuvor geschehen ist, z. B.: *Bald nachdem der Flashmob geendet hatte, standen Filme davon im Internet.*

5 **Ben will über die folgenden Situationen berichten. Hilf ihm, die richtigen Zeitformen zu wählen, indem du die Sätze zu den Bildern ausformulierst.**

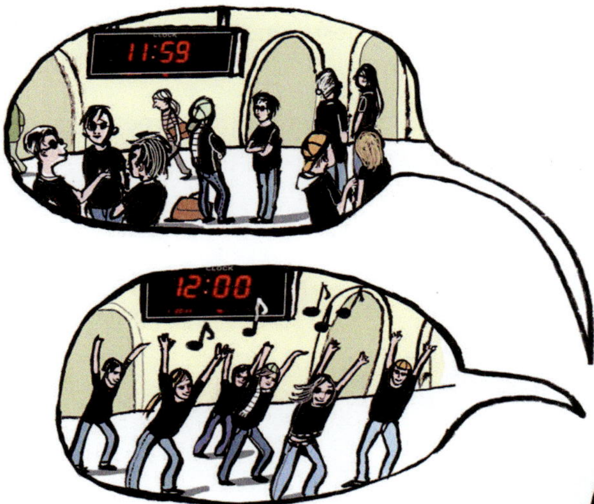

6 **Trage in den folgenden Lückentext die eingerahmten Verben in der richtigen Zeitform ein.**
Tipp: Achte genau auf die zeitlichen Zusammenhänge.

Der gemeinsame Tanz ______________ [gelingen] gut, weil ein Teil der Jugendlichen vorher Tanzschritte ______________ [einüben]. Diese ______________ [können] sich die Teilnehmer in einem Videoportal herunterladen. Zu einem drei Minuten langen Liedermix ______________ [bewegen] sich alle Tanzenden in derselben Weise. Nachdem die Musik ______________ [aufhören], ______________ [enden] auch der Tanz.

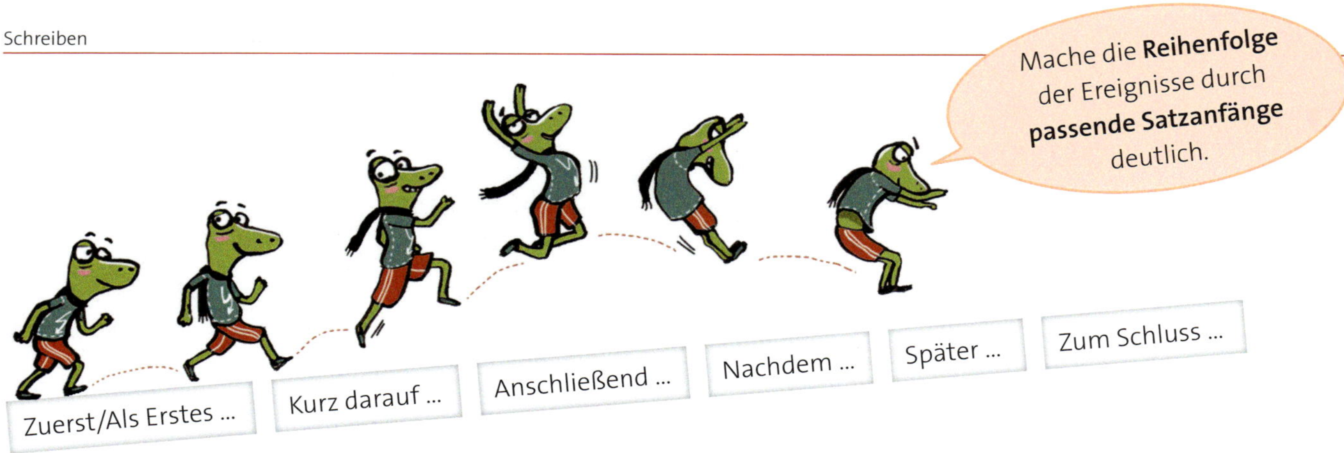

7 **a** **Formuliere die folgenden Sätze um: Verwende Satzanfänge, die den Ablauf des Geschehens in der richtigen Reihenfolge wiedergeben, und achte auf die richtigen Zeitformen.**

A Erst kurz vor Beginn der Veranstaltung sehen viele Interessierte den Aufruf zum Flashmob im Internet. Sie machen sich auf den Weg zum Dortmunder Hauptbahnhof.

Erst kurz vor Beginn der Veranstaltung hatten viele Interessierte den Aufruf zum Flashmob im Internet gesehen.

Kurz darauf machten sie sich auf den Weg zum Dortmunder Hauptbahnhof.

Zeitformen: *Plusquamperfekt (vorher passiert), Präteritum*

B Viele Menschen reisen mit dem Zug oder mit öffentlichen Verkehrsmitteln an. In der Bahnhofshalle versammeln sich ungefähr 150 Tanzwillige.

______

______

______

Zeitformen: ______

C Um Punkt 12:00 Uhr setzt Musik ein. Die Anwesenden beginnen zu tanzen.

______

______

Zeitformen: ______

D Die Musik hört auf. Die Beteiligten räumen gemeinsam auf und machen sich wieder auf den Weg nach Hause.

______

______

______

Zeitformen: ______

b **Unterstreiche in deinen Sätzen die Satzanfänge, die die zeitliche Reihenfolge wiedergeben.**

c **Überprüfe, ob du die richtigen Zeitformen verwendet hast. Notiere diese in der Zeile unter dem Satz.**

Verzichte in einem Bericht auf wörtliche Rede. **Informationen,** die andere Personen bereitstellen, kannst du in einem Bericht **mit einem „dass"-Satz wiedergeben,** z. B.:
Max informiert in seinem Kommentar darüber, dass mindestens 150 Menschen teilgenommen haben.
Verwende im einleitenden Hauptsatz abwechslungsreiche Verben, z. B. *informiert, berichtet, gibt an, ergänzt, stellt fest, sagt aus, macht auf ... aufmerksam.*

8 **Die folgenden Informationen stammen von Augenzeugen. Gib sie in einem dass-Satz wieder.**

A Max: „Mindestens 150 Menschen haben mitgetanzt."

Ein Teilnehmer namens Max berichtet im Blog, dass mindestens 150 Menschen mitgetanzt haben.

B Max: „Toll war, dass Menschen in jedem Alter dabei waren, die meisten waren aber schon Jugendliche."

C Emilia: „Der Liedermix war außerdem voll genial: klassische und elektronische Musik vereint."

D Maria: „Meine Kinder (3 und 5 Jahre) hatten zu Beginn des Flashmobs große Angst."

9 **a** **Ben geht am Schluss seines Berichts auf die Folgen des Ereignisses ein. Lies seinen Text.**
b **Gib Ben einen Tipp, was er verbessern sollte, indem du im folgenden Satz Unpassendes durchstreichst.**

Ben, du solltest ein persönliches Urteil einarbeiten/weniger Rechtschreibfehler machen/flüssiger schreiben, indem du die Hauptsätze verknüpfst und treffende Verbindungswörter verwendest.

Der Flashmob hatte viele positive Folgen. Die meisten Menschen waren glücklich. Die Tänzer hatten gemeinsam etwas erlebt. Die Zuschauer hatten etwas Schönes beobachtet. Die Teilnehmer räumten den Müll weg. Der Bahnhof war am Schluss wieder blitzblank.

c **Überarbeite Bens Schluss und schreibe ihn verbessert in dein Heft.**

Treffende Verbindungswörter sind z. B. *weil, und, obwohl, sodass, da, aber, jedoch, denn.*

10 **Nur eine der folgenden Überschriften ist knapp, sachlich und informativ genug. Kreuze sie an.**

A ☐ Sensationelle Tanzparty
B ☐ Tanzen, bis der Arzt kommt
C ☐ Tanz-Flashmob in Dortmund
D ☐ 150 Tänzer im Hauptbahnhof

Einen Bericht verfassen und überarbeiten

1 **Schreibe einen zusammenhängenden Bericht über den Tanz-Flashmob in Dortmund.**

2 **a** **Prüfe deinen Text mit der folgenden Checkliste Punkt für Punkt und trage in der rechten Spalte ein, was du verbessern möchtest.**
b **Schreibe den verbesserten Text in dein Heft.**

Mit Hilfe dieser Checkliste kannst du jeden Bericht überarbeiten.

Einen Bericht überarbeiten

Checkliste

Hast du ...

– geklärt, welche Informationen deine **Leser** interessieren?
– Informationen zu den **W-Fragen** zusammengetragen: Was? Wann? Wo? Wer? Wie? Warum? Welche Folgen?
– einen **Schreibplan/**eine Gliederung mit den wichtigen Informationen ausgearbeitet und beachtet?
– nur die **wesentlichen Informationen** wiedergegeben?
– geprüft, ob der Leser alles **ohne Nachfragen versteht?**
– eine kurze und informative **Überschrift** verfasst?
– die **zeitlich richtige Reihenfolge** beachtet?
– **knapp und sachlich** geschrieben?
– adverbiale Bestimmungen und Attribute genutzt, um **genau** zu berichten?
– **Satzanfänge** verwendet, die den Ablauf anzeigen?
– flüssig formuliert, **Verknüpfungen** verwendet?
– das **Präteritum** verwendet oder bei Vorzeitigkeit das **Plusquamperfekt?**
– **Rechtschreibung** und **Zeichensetzung** überprüft?

Nein, das muss ich so verbessern: ...

Eine Person beschreiben: Manhua-Figuren

1. Schritt: Planen
- Zweck der Beschreibung verstehen
- Informationen sammeln
- Informationen ordnen

2. Schritt: Schreiben
- Text sachlich und genau ausformulieren
- Schreibplan beachten

3. Schritt: Überarbeiten
- Reihenfolge (Schreibplan) prüfen
- treffende Verben und Adjektive suchen
- sachliche Formulierungen verbessern

Planen: Informationen sammeln und ordnen

Dein Freund Paul interessiert sich schon lange für China, insbesondere für chinesische Comics, auch „Manhua“ genannt. Er hat dir seinen Lieblingshelden „Bo“ gezeigt, an den du dich noch erinnerst. Nun möchtest du dir dieses Manhua-Heft im Laden gern kaufen und beschreibst der Verkäuferin, wie „Bo“ ausgesehen hat, damit sie es findet.

1 **Schau das Bild genau an und beschreibe deinen ersten Eindruck von Bo.**

Bo wirkt ______________________________

____

2 **Die Verkäuferin im Comicladen stellt dir Fragen zu Bo. Beantworte diese so, dass sie sich Bo vorstellen kann.**

Welches Geschlecht hat die Figur? ______________________________

Wie alt und wie groß ist Bo ungefähr? ______________________________

Welche Nationalität hat Bo? ______________________________

Wie lässt sich Bos Figur beschreiben? ______________________________

Schreiben: Die Beschreibung sprachlich gestalten

Mache in der **Einleitung** allgemeine Angaben zur Person (z. B. Geschlecht, Alter, Größe, Nationalität, Figur).

1 **Schreibe eine Einleitung für deine Personenbeschreibung von Bo: Verwende die Informationen von Aufgabe 2 auf Seite 27.**

____

____

____

2 **Sammle nun Informationen für den Hauptteil der Personenbeschreibung: Schau dir die Person genau an.**

a Markiere Adjektive, die das Gesicht und die Frisur von Bo genau beschreiben.

Frisur/Haare: kurz/mittellang/kinnlang/schulterlang/lang, spärlich/voll, glatt/wellig/lockig, blond/schwarz/dunkelbraun, glänzend/stumpf, zerzaust/gescheitelt/(nach hinten) gekämmt, kräftig/fein, offen/zusammengebunden, mit ... Strähnen

Gesichtsform: oval, länglich, kantig, rund, schmal, breit

Augenbrauen: gerade, buschig, rund, geschwungen, dick, dünn

Blick: freundlich, offen, abwesend, böse, wütend

Mund: schmale/volle Lippen, lächelnd, verkniffen, breit, klein

Augen: groß, klein, engstehend/weit auseinander stehend, mandelförmig, rund, offen/blinzelnd, tief liegend

Nase: lang, kurz, breit, schmal, gerade, schief

Kinn: spitz, breit, lang, kurz, rund, kantig

b Vervollständige die nachfolgende Beschreibung, indem du passende Adjektive einsetzt.

Bos ______________ , ____________________ Haare stehen vom Kopf ab. Das Gesicht zeigt eine ______________ Form. Unter den ______________ , ____________________ Augenbrauen blicken seine ______________ , ____________________ Augen ______________ hervor. Seine Nase erscheint ______________ . Bo hat ______________ Lippen und einen ______________ Mund. Das Kinn wirkt ______________ .

Mit aussagekräftigen Adjektiven kannst du eine Person **genau beschreiben,** z. B. *kantig, breit, auffällig.*
Aber **beschreibe sachlich** und verzichte auf persönliche Wertungen, z. B. *süß, hübsch, lieb oder hässlich.*

3 **In den folgenden Sätzen wird Bos Kleidung beschrieben. Die Formulierungen sind wenig abwechslungsreich.**

a Unterstreiche die Verben. Notiere, was dir auffällt.

Verwendet wurden ausschließlich die Verben ______________________________

b Verbinde jeden Satz mit einem treffenden Verb in der rechten Spalte, indem du eine Linie ziehst.

A Bos Kleidung ist insgesamt auffällig dunkel.

B An den Füßen hat er braune Stiefel.

C Die Hose ist an den Beinen locker.

D Ein bunter Aufnäher ist auf der Jacke.

E Bo hat eine grüne Jacke, ein helles, beigefarbenes Sweatshirt und eine dunkelblaue Jeans.

F Als Schmuck hat Bo eine große silberfarbene Sportuhr am Arm.

G Die Kapuze des Sweatshirts ist über dem Jackenkragen.

a sitzen

b liegen

c um den Arm tragen

d sich kleiden

e schmücken

f tragen

g stecken in

c Schreibe die Sätze von Aufgabe 3 b verbessert auf, indem du die treffenden Verben einsetzt.
Tipp: Du musst bei manchen Sätzen den Satzbau verändern.

A [1] ______________________________

B [ ] ______________________________

C [ ] ______________________________

D [ ] ______________________________

E [2] ______________________________

F [ ] ______________________________

G [ ] ______________________________

4 **Ordne die Beschreibung in Aufgabe 3 c sinnvoll, indem du die Nummerierung der Sätze fortsetzt.**

Eine **sinnvolle Reihenfolge** ist z. B. vom Allgemeinen zum Besonderen und von oben nach unten.

5 **Beschreibe am Schluss, wie die Person auf dich wirkt: Kreuze die passende Formulierung an.**

Die Manhua-Figur Bo wirkt insgesamt ...

A [ ] unsympathisch und abweisend.

B [ ] aggressiv und Angst einflößend.

C [ ] eher lässig und ruhig.

D [ ] ängstlich und zurückhaltend.

Eine Personenbeschreibung verfassen und überarbeiten

1 **Verfasse eine vollständige Personenbeschreibung von Bo. Verwende die Ergebnisse von den Seiten 27 bis 29.**

2 **a** **Prüfe deinen Text mit der folgenden Checkliste Punkt für Punkt und trage in der rechten Spalte ein, was du verbessern möchtest.**
b **Schreibe den verbesserten Text in dein Heft.**

Mit Hilfe dieser Checkliste kannst du jede Personenbeschreibung überarbeiten.

Eine Personenbeschreibung überarbeiten

Checkliste

Hast du …

- geklärt, welche Informationen deine **Leser** interessieren?
- **alle wichtigen Informationen** für eine genaue Beschreibung zusammengetragen und geordnet?
- in der **Einleitung** allgemeine Angaben zur Person gemacht (z. B. zu Geschlecht, Alter und Größe)?
- im **Hauptteil** das Aussehen der Person **in einer geordneten Reihenfolge** dargestellt, z. B. von oben nach unten (vom Kopf bis zu den Füßen) oder vom Einzelnen zum Gesamten (Gesicht, Körperbau, Haltung usw.)?
- am **Schluss** beschrieben, wie die Person auf dich wirkt?
- mit Hilfe der **ESAU-Methode** überarbeitet?
  - **E**rgänzen: z. B. fehlende Informationen
  - **S**treichen: z. B. überflüssige oder wertende Wörter
  - **A**ustauschen: z. B. unpassende oder ungenaue Wörter
  - **U**mstellen: z. B. abwechslungsreiche Satzanfänge
- die richtige **Zeitform** (Tempus) verwendet: das Präsens?
- **Rechtschreibung** und **Zeichensetzung** überprüft?

Nein, das muss ich so verbessern: …

Eine Meinung überzeugend begründen

1. Schritt: Planen
- Thema erkennen
- eigene Position klären
- Stoff sammeln
- Argumente sinnvoll ordnen/Schreibplan

2. Schritt: Schreiben
- Stellungnahme zusammenhängend formulieren
- Schreibplan beachten
- sprachlich gut verknüpfen

3. Schritt: Überarbeiten
- Reihenfolge prüfen
- Überleitungen und Verknüpfungen prüfen
- Rechtschreibung und Zeichensetzung prüfen

Planen: Informationen sammeln

1 **Lies die folgenden Beiträge aus einem Internet-Forum für Schülerinnen und Schüler.**

12.08.20xx

Hilfe! Neue Regel an meiner Schule

In meiner Schule will die Schulkonferenz jetzt mehr Disziplin durchsetzen. Zuspätkommen soll härter bestraft werden. Wer morgens auch nur eine Minute zu spät zum Unterricht erscheint, darf nicht mehr am Unterricht teilnehmen. Stattdessen muss man dann in ein Verspätungszimmer gehen und bekommt einen Brief an die Eltern mit. Das alles könnte ich noch verstehen.
Was ich aber total daneben finde: Wer ein zweites Mal in einem Jahr zu spät kommt, muss dafür und jedes weitere Mal ein Bußgeld zahlen – 80 Euro sind dann fällig. Ich finde das nicht in Ordnung, was meint ihr?

Eingestellt von **Hamfred2000** um 16:42 Uhr

PingPong 12.08.20xx, 16:57 Uhr

Ich bin der Auffassung, dass es in Ordnung ist, eine Strafe zu bekommen, wenn man ständig den Unterricht verschläft. Aber eine Geldstrafe halte ich für unfair, weil wir Schüler kein Geld verdienen. Und was ich auch ungerecht finde: Für Jugendliche mit reichen Eltern ist so eine Strafe nicht so schlimm, denn die können sich die Verspätung „leisten".

Lalilu 12.08.20xx, 19:12 Uhr

Ich kann eure Aufregung nicht verstehen. Ich finde die Strafe gut durchdacht, da die verspäteten Schüler doch selbst schuld sind. Die sollen sich doch einen Wecker stellen oder früher schlafen gehen. Endlich mal eine Schule, bei der es auch Konsequenzen für diejenigen gibt, die immer verschlafen und die anderen stören.

King 13.08.20xx, 11:12 Uhr

@PingPong: Ich bin genau deiner Meinung. Manchmal kann man gar nichts dafür. Was, wenn ich im Stau stehe? Was, wenn der Wecker wegen eines Stromausfalls ausfällt? Zudem steht die Strafe im falschen Verhältnis, weil schlimmere „Vergehen" weniger hart bestraft werden. Als meine Mutter neulich zu schnell gefahren ist und geblitzt wurde, musste sie weniger zahlen.

2 **a** **Worüber schreiben die Jugendlichen im Internet-Forum? Gib das Thema mit eigenen Worten wieder.**
b **Formuliere das Thema in eine Fragestellung um, zu der man als Leserin oder Leser Stellung nehmen kann.**

Das Thema: ______________________________

____

Das Thema als Frage: ______________________________

____

3 **a** **Unterstreiche in den Beiträgen auf Seite 31 die Meinungen schwarz und die Argumente grün. Falls es Beispiele gibt, die Argumente veranschaulichen, unterstreiche diese blau.**

Um überzeugend zu argumentieren, stellt man eine **Meinung** (Behauptung) auf, die man durch **Argumente** stützt und durch **Beispiele** anschaulich macht, z. B. *Ich lehne Frühaufstehen ab, weil das den Biorhythmus der meisten Menschen stört. Das beste Beispiel bin ich selbst, denn ich bin jeden Morgen unausgeschlafen.*

4 **a** **Fasse für jeden der Beiträge mit eigenen Worten zusammen:**
... die Meinung, die der/die Schreibende vertritt.
... das wichtigste Argument, das diese Meinung stützt.
b **Kreuze jeden Beitrag an, der ein veranschaulichendes Beispiel anführt.**

A ☐ Hamfred2000 ist der Meinung, dass ______________________________

Argument: ______________________________

B ☐ PingPong äußert die Ansicht, dass ______________________________

Argument: ______________________________

C ☐ Lalilu vertritt die Position, dass ______________________________

Argument: ______________________________

D ☐ King ist der Auffassung, dass ______________________________

Argument: ______________________________

5 **Warum veröffentlicht Hamfred2000 seinen Beitrag in einem Internet-Forum? Kreuze für jede der folgenden Aussagen an, ob sie zutrifft oder nicht.**

	trifft zu	trifft nicht zu
A Hamfred2000 will seinen Ärger über etwas äußern, das ihm nicht gefällt.	☐	☐
B Hamfred2000 sucht Gleichgesinnte für einen Protestmarsch.	☐	☐
C Hamfred2000 möchte andere Stimmen hören, bevor er sich eine Meinung bildet.	☐	☐
D Hamfred2000 hofft, gute Argumente zu bekommen, die seine Position stützen.	☐	☐
E Hamfred2000 will als Schülersprecher gewählt werden.	☐	☐

Informationen ordnen: Eine Argumentationskette aufbauen

Johannes will im Internet-Forum einen weiteren Kommentar zum Thema „Bußgeld für Zuspätkommen“ hinzufügen: Er ist der Meinung, dass kein Bußgeld eingeführt werden sollte.

1 Kreuze an, welche Meinung Johannes vertritt.

Johannes ist ☐ für (pro) / ☐ gegen (kontra) ein Bußgeld in Höhe von 80 Euro ab dem zweiten verspäteten Eintreffen im Unterricht.

2 Johannes begründet seine Meinung durch drei Argumente mit Beispielen. Verbinde jedes Argument mit einem Beispiel, das es anschaulich erklärt.

Meinung	Verknüpfung	Argument	Beispiel
	weil	A Es ist ungerecht.	a Pädagogen betonen, dass Strafe sinnlos ist. Sein Verhalten ändert nur, wer versteht, warum er dies tun soll.
Johannes lehnt das Bußgeld ab.	da	B Es ist unverhältnismäßig.	b Jugendliche mit wenig Taschengeld werden bestraft, allen anderen ist das Bußgeld eher gleichgültig.
	denn	C Es ist nutzlos.	c Bei Rot über eine Ampel zu fahren, kostet nur wenig mehr und das gefährdet Menschenleben.

Ordne die Argumente in der **Argumentationskette** überzeugend an: Es kann z.B. das erste oder das letzte Argument besonders schlagkräftig sein.

3 Johannes hat die Argumente mit Beispielen für seinen Kommentar im Internet-Forum ausformuliert.

a Bringe sie in eine Reihenfolge, die du überzeugend findest: Trage die Nummern in die Argumentationskette unten ein.

1 Zu bedenken ist, dass Geldstrafen nutzlos sind. Pädagogen beispielsweise betonen immer wieder, dass jemand sein Verhalten nur ändert, wenn er den Sinn der Änderung versteht.

2 Gegen ein Bußgeld spricht dessen Unverhältnismäßigkeit, denn weitaus schlimmere „Vergehen“, zum Beispiel das Überfahren einer roten Ampel, werden mit wenig höheren Strafen geahndet.

3 Ein derart hohes Bußgeld ist insofern sehr ungerecht, als es vor allem Schüler mit wenig Taschengeld bestraft. Wenn ich an meine Klasse denke, dann fallen mir einige ein, denen es eher gleichgültig wäre.

Argumentationskette

Meinung

1 Argument mit Beispiel ☐

2 Argument mit Beispiel ☐

3 Argument mit Beispiel ☐

b Umkreise in deiner Argumentationskette das Argument, das du für besonders überzeugend hältst.

Schreiben: Eine Argumentation sprachlich gestalten

Lalilu befürwortet im Internet-Forum, dass bestraft wird, wer zu spät in den Unterricht kommt. Nachdem sie Johannes' Kommentar gegen ein Bußgeld gelesen hat (► Seite 33), stützt sie ihre Meinung im nächsten Kommentar durch weitere Argumente und Beispiele.

1 **Trage neben jedem der folgenden Argumente Lalilus die Ziffer des dazu passenden Beispiels ein.**

Argumente

A Zuspätkommen stört die anwesenden Schüler/-innen. + Beispiel ☐

B Wer zu spät kommt, versäumt Unterrichtsstoff. + Beispiel ☐

C Zuspätkommen ist grundsätzlich unhöflich und respektlos. + Beispiel ☐

Beispiele

1 Weil Mika von jeder Lateinstunde die Wiederholung am Anfang verpasst hat, kommt er nicht mehr mit.
2 Wenn einen eine Freundin oder ein Freund warten lässt, ärgert man sich doch selbst auch.
3 Am schlimmsten finde ich es, wenn jemand in Mathe zu spät kommt, denn da will ich besonders konzentriert mitarbeiten und Unruhe bringt mich durcheinander.

2 **Ordne Lalilus Argumente und Beispiele zu einer überzeugenden Argumentationskette (► Seite 33): Trage Buchstaben und Ziffern ein.**

Meinung – Argument ___ + Beispiel ___ – Argument ___ + Beispiel ___ – Argument ___ + Beispiel ___

3 **Formuliere mit Hilfe deiner Argumentationskette von Aufgabe 2 Lalilus Kommentar zusammenhängend aus: Setze die Satzanfänge fort und verwende passende Verknüpfungen.**

Passende **Verknüpfungen für Argumente und Beispiele** sind z. B.: *daher; deshalb; wenn ..., dann ...; Das sieht man daran, dass ...; (wie) ... zum Beispiel ...; beispielsweise; Um ein Beispiel dafür zu geben: ...*

Lalilu 13.08.20xx, 15:26 Uhr

Ich möchte meine Meinung noch einmal hervorheben: Schülerinnen und Schüler, die zu spät zum Unterricht kommen, sollten ______________________

☐ *Zunächst ist zu bedenken, dass* ______________________

____

☐ *Hinzu kommt, dass* ______________________

____

☐ *Besonders wichtig ist, dass* ______________________

____

So argumentierst du noch überzeugender. Nenne mögliche **Einwände (Gegenargumente),** um sie anschließend zu **entkräften.** Formulierungshilfen dafür sind z. B.:
- *Sicherlich kann man einwenden, dass ... /Dennoch habe ich die Erfahrung gemacht, dass ...*
- *Obwohl ... denken, dass ..., muss man doch berücksichtigen, dass ...*
- *Es ist schon richtig, dass ... /Jedoch darf nicht übersehen werden, dass .../Trotzdem ...*
- *Nun könnte man einwenden, dass ... /Dagegen spricht aber, dass .../Aber .../Jedoch ...*

4 **Füge Lalilus Kommentar ein Gegenargument hinzu und entkräfte es.**

a **Wähle eine der folgenden Ideen dafür aus oder finde einen eigenen Einwand. Schreibe ihn auf und entkräfte ihn.**
- zu Argument **A:** Man muss lernen, sich trotz Unruhe in der Umgebung zu konzentrieren.
- zu Argument **B:** Den versäumten Unterrichtsstoff kann man nachholen.
- zu Argument **C:** Manchmal kommt man unverschuldet zu spät, das hat dann nichts mit Respektlosigkeit oder Unhöflichkeit zu tun.

b **Kreuze bei der Argumentation zu Aufgabe 3 das Argument an, zu dem das entkräftete Gegenargument passt.**

Fasse zum **Schluss** eines Kommentars deine Meinung noch einmal zusammen oder formuliere einen Vorschlag oder einen Wunsch für die Zukunft. Formulierungshilfen sind dafür z. B.: *Aus diesen Gründen bin ich der Meinung ...; Ich fände es (wirklich) gut, wenn ...; Ich würde mir wünschen, dass ...*

5 **Formuliere einen Schluss für Lalilus Kommentar. Berücksichtige darin den Gedanken, dass eine Strafe nicht nötig wäre, wenn alle Schülerinnen und Schüler pünktlich zum Unterricht kämen.**

Überarbeiten: Auf Einleitungen und Verknüpfungen achten

1 **Johannes hat Lalilu im Internet-Forum geantwortet, aber sehr unzusammenhängend geschrieben.**

a Lies seinen Kommentar und unterstreiche Textstellen, die sprachlich verbessert werden müssen.

JonnY1999 13.08.20xx, 17:02 Uhr

Nein. Meistens kann man gar nichts dafür, dass man zu spät kommt. Mein Schulbus steht oft im Stau. Die Schule muss Schülerinnen und Schüler zu einem respektvollen Umgang miteinander erziehen. Pädagogen raten, Ziele durch Verständnis und eigene Einsicht statt durch Strafe zu erreichen. Es sind nicht die Zuspätkommenden, die das Lernen stören. Die Schüler müssen lernen, sich trotzdem zu konzentrieren. Bei uns im Kunstunterricht klappt das, da sind alle ganz versunken. Verständnis würde allen helfen!

b Überarbeite Johannes' Kommentar, indem du passende Einleitungen und Überleitungen verwendest. Schreibe den verbesserten Text ins Heft. Denke auch an eine Schlussformulierung.

Als Erstes ... Zweitens ... Drittens ... ▪ Ein Argument/Beispiel für ... ist ... ▪ Hinzu kommt/Zudem ist zu bedenken, dass ... ▪ Ein weiterer Grund ist, dass ... ▪ Am schwersten wiegt jedoch, dass ... ▪ Noch wichtiger ist, ... ▪ Anschließend möchte ich anführen, dass ... ▪ Ein weiterer Gesichtspunkt ist, dass ... ▪ Besonders wichtig ist, dass ... ▪ Es sollte nicht übersehen werden, dass ...

Auf Lalilus Beitrag von 15:26 Uhr möchte ich etwas entgegnen: Jch vertrete die Auffassung, dass die Schule nicht mit Bestrafung auf Verspätungen reagieren sollte. ...

2 **Prüfe den verbesserten Kommentar von Aufgabe 1 mit der folgenden Checkliste Punkt für Punkt und trage in die rechte Spalte ein, was du verbessern möchtest.**

Eine Argumentation überarbeiten

Checkliste

Hast du ...	Nein, das muss ich so verbessern: ...
– geklärt, für **wen** du schreibst?	
– ggf. das angebotene Material genau ausgewertet, um **Argumente** und Beispiele zu **sammeln?**	
– einleitend deine **eigene Meinung** zum Thema (pro oder kontra) klar formuliert?	
– überzeugende **Argumente für deine Meinung** angeführt und diese durch Beispiele gestützt?	
– mögliche Einwände **(Gegenargumente) entkräftet?**	
– die Argumente sprachlich **sinnvoll eingeleitet** bzw. verknüpft (Argumentationskette)?	
– die Argumente und Beispiele **sprachlich** miteinander **verknüpft?**	
– zum **Schluss** deine Meinung zusammengefasst oder einen Vorschlag/Wunsch formuliert?	
– **Rechtschreibung** und **Zeichensetzung** überprüft?	

Richtig schreiben: Strategien und Regeln kennen

1 **Wie sicher bist du in der Rechtschreibung? Arbeite den folgenden Fragebogen durch.**

Kann ich die Strategien und Regeln anwenden? **Fragebogen ?**

1. Gib für jedes der folgenden Strategiezeichen an, wobei es dir hilft: Verbinde durch eine Linie.

Das Strategiezeichen …	… hilft …
	bei der Zuordnung von Lauten und Buchstaben: Meist schreibt man, wie man spricht. (Schwingen)
	die Schreibung von e und ä, eu und äu nicht zu verwechseln. (Ableiten)
	schwierige Schreibweisen in zusammengesetzten Wörtern zu klären. (Zerlegen)
	unklare Laute am Wortende und die Schreibung von Einsilbern zu prüfen. (Verlängern)

2. Manchmal hörst du eine Schreibweise nicht, weil man anders spricht, als man schreibt:
   a Markiere bei jedem der folgenden Wörter alle Stellen, die du beim genauen Mitsprechen nicht hören kannst.
   b Trage neben jedem Wort den Buchstaben der Strategie ein, die dir hilft, die Schreibung zu klären.

A  B  C  D 

der Zugbegleiter ___ das Land ___ der Ballkünstler ___

erklären ___ der Zwerg ___ der Wind ___ die Gemäuer ___

gesund ___ der Himmel ___ die Ernte ___ aufräumen ___

3. Trage in die folgenden Wortlücken ein: i oder ie?

l___blich kr___cht der W___nter z___rt s___ngen

w___gen der S___bdruck die Z___lgerade

4. Trage in die folgenden Wortlücken ein: ss oder ß?

flie___en der Flu___ die Flie___geschwindigkeit drau___en

wi___en la___en die Stra___e zerrei___en die Ri___e

der Rei___verschlu___ der Bei___zahn au___erhalb

2 **Überprüfe deine Ergebnisse mit Hilfe des Lösungshefts. Schätze ein, wo du unsicher bist, und trainiere weiter:**

Zu 1. ► Seiten 38, 39, 40, 41 Zu 2. ► Seiten 39, 40, 41, 43 Zu 3. ► Seite 44 Zu 4. ► Seite 45

Strategie 1: Schwingen

Wörter deutlich sprechen und in Silben lesen

1 **a** **Das Gitterrätsel enthält neun lauttreu geschriebene, zusammengesetzte Wörter. Markiere sie.**
b **Schreibe sie rechts auf die Linie und füge bei den Nomen die Artikel dazu.**

A	Z	Q	U	E	R	G	E	S	T	R	E	I	F	T	F	F	F	Z	______
B	Ö	G	K	S	T	O	L	P	E	R	S	T	E	I	N	E	A	A	______
C	W	I	N	T	E	R	T	E	M	P	E	R	A	T	U	R	E	N	______
D	D	O	T	T	E	R	F	A	R	B	E	N	Q	Y	O	W	W	M	______
E	Y	Q	U	A	D	R	A	T	L	A	T	S	C	H	E	N	Ä	N	______
F	E	F	P	B	J	N	A	C	H	T	S	C	H	W	A	R	Z	L	______
G	X	Ä	D	E	U	Y	G	I	S	P	A	R	D	O	S	E	J	Ä	______
H	K	P	G	C	J	A	Q	U	A	M	A	R	I	N	B	L	A	U	______
I	W	K	S	P	O	R	T	A	N	L	A	G	E	T	E	R	T	I	______

2 **a** **Lies die Wörter von Aufgabe 1 deutlich und ziehe die Silbenbögen.**
b **Umkreise darin jede Stelle, an der du anders sprichst als du schreibst.**
c **Kreuze für jede der folgenden Aussagen an, ob sie richtig oder falsch ist.**

	richtig	falsch
A Die Laute „scht" schreibt man *st*.	☐	☐
B Die Laute „schw" schreibt man *sw*.	☐	☐
C Die Laute „schp" schreibt man *sp*.	☐	☐
D Die Laute „kw" schreibt man *qu*.	☐	☐

3 **Das Qu/qu ist eine schwierige Laut-Buchstaben-Zuordnung, die man beim Schwingen kennen muss. Ordne den folgenden Wörtern ihrer Bedeutung zu.**

Quasselstrippe Querdenker Quietschen Quittenbrot
Quetschung Aquarium Quatsch Äquator

A Verletzungsart: ______

B unangenehmes Geräusch: ______

C Wasserbecken für Fische: ______

D Breitenkreis, der die Erde in Nord- und Südhalbkugel teilt: ______

E Vielsprecher/-in: ______

F Leckerei aus Früchten: ______

G Albernheit/Unsinn: ______

H jemand, der anders denkt als es üblich ist: ______

Strategie 2: Verlängern

Einsilber und unklare Auslaute klären

Worterklärung:
An einer **„Problemstelle"** in einem Wort können beim Schreiben Fehler auftreten.

1 **a** **Lies die folgenden Wörter deutlich:**
Welche spricht man anders als man sie schreibt? Kreuze sie an.
b **Markiere in jedem der angekreuzten Wörter die Problemstelle.**

[X] klug	[X] Bussard	[ ] Specht	[ ] traurig	[ ] Leopard	[ ] Hut
[ ] Hund	[ ] Krug	[ ] rund	[ ] Kamel	[ ] mild	

2 **Kreuze für jede Aussage an, ob sie auf die Wörter von Aufgabe 1 zutrifft oder nicht zutrifft.**

	trifft zu	trifft nicht zu
A Viele Wörter mit Problemstellen sind Einsilber.	[ ]	[ ]
B Problem: Man spricht p, t und k, aber man schreibt b, d und g.	[ ]	[ ]
C Die Problemstellen befinden sich in der Mitte des Wortes.	[ ]	[ ]

Kläre Problemstellen durch Verlängern. Dann hörst du den Laut. Bilde
- für **Nomen** den Plural, z. B.: *der Mond – die Monde*, ein Verb, z. B.: *die Wut – wüten*, oder ein Adjektiv, z. B.: *der Sand – sandig*.
- für **Adjektive** den Komparativ (Steigerungsstufe 1), z. B.: *kalt – kälter, blind – blinder.*

3 **a** **Trage für jedes angekreuzte Wort von Aufgabe 1 die Verlängerung in die folgende Übersicht ein.**
b **Umkreise in jedem Wort den Laut, den du nun deutlich hörst.**

Nomen: *die Bussarde,* ______

Adjektive: *klüger (als),* ______

4 **Bei einsilbigen Verbformen ist die Schreibweise nicht immer gut hörbar:**
a **Markiere in jeder der folgenden Personalformen die Problemstelle.**

er treibt er lügt ihr lebt sie fragt es bebt es nagt

b **Kreuze für jede Aussage an, ob sie auf die Wörter von Aufgabe 4 a zutrifft oder nicht zutrifft.**

	trifft zu	trifft nicht zu
A Das t am Wortende gehört zur Personalform des Verbs.	[ ]	[ ]
B Das t am Wortende schreibt man anders als man es spricht.	[ ]	[ ]
C Die Problemstelle befindet sich vor dem t.	[ ]	[ ]

c **Begründe die Schreibweise durch die Verlängerungsform mit „wir" und umkreise den Laut, den du nun hörst.**

wir treiben, ______

Strategie 3: Zerlegen

Verlängerungsstellen in zusammengesetzten Wörtern erkennen

1 **a** **Kreuze an: Welche der folgenden Wörter schreibt man so, wie man sie spricht?**
b **Markiere in den anderen Wörtern mögliche Problemstellen.**

☐ Kirschkuchen	☐ Windbeutel	☐ Sandkuchen
☐ Landbrot	☐ Weizenbrötchen	☐ Roggenstange
☐ Wildbraten	☐ Rindfleisch	☐ Kalbfleisch

c **Zerlege die Wortzusammensetzungen, die Problemstellen enthalten, und beweise die Schreibweise durch ein Verlängerungswort. Der Tipp auf Seite 39 hilft dir dabei.**

der Wind|beutel – denn *die Winde* ____________________ ____________________

____________________ ____________________

____________________ ____________________

Mit Präfixen (Vorsilben) und Suffixen (Nachsilben) kann man aus vorhandenen Wörtern neue Wörter bilden, z. B.: *Erlebnis, freundlich*. **Trenne die Suffixe ab,** um die Problemstelle am Ende des Wortstamms zu finden, und verlängere, um die Schreibweise zu klären, z. B.:

Erleb|nis – denn (er)**leb**en, freund|lich – denn Freun**d**e
- **Nomen** bildet man z. B. mit den Suffixen: *-nis, -heit, -keit, -ung, -schaft, -tum, -chen, -lein.*
- **Adjektive** bildet man z. B. mit den Suffixen: *-ig, -bar, -lich, -sam, -isch, -haft.*

2 **a** **Markiere im folgenden Gitterrätsel neun Wörter mit Suffix.**
b **Beweise für jedes Wort aus dem Gitterrätsel die Schreibweise, wie im Tipp oben beschrieben.**

A	C	J	W	I	L	D	H	E	I	T	W	G
B	M	F	E	I	N	D	S	C	H	A	F	T
C	J	K	L	U	G	H	E	I	T	M	L	O
D	V	L	Ä	N	D	L	I	C	H	Ö	R	S
E	S	T	A	N	D	H	A	F	T	Z	L	L
F	U	M	K	I	N	D	H	E	I	T	T	O
G	F	E	I	N	D	L	I	C	H	Ä	H	F
H	O	L	R	U	N	D	L	I	C	H	H	Y
I	Y	Ö	F	S	C	H	Ä	D	L	I	C	H

A ____________________

B ____________________

C ____________________

D ____________________

E ____________________

F ____________________

G ____________________

H ____________________

I ____________________

Strategie 4: Ableiten

ä- und äu-Schreibung begründen

> Prüfe: **ä** und **äu** schreibt man, wenn man **verwandte Wörter** mit **a** und **au** findet.
> In einer Wortfamilie bleiben **ä** und **äu** erhalten, z. B.: *täglich* – denn *Tag;*
> Wortfamilie: *dreitägig.*

1 Lies die Wörter in den folgenden Kästen deutlich in Silben: Markiere darin die Vokale, die man beim Schreiben verwechseln kann, weil sie ähnlich klingen.

die Leute – die Bräute	lecker – der Bäcker
zeugen – säugen	die Kerze – die Härte
das Zeugnis – die Fäulnis	der Erpel – die Äpfel

2 Beweise die Schreibung der sechs Wörter mit äu und ä aus Aufgabe 1.

____

____

____

3 Markiere in den folgenden Sätzen die Wörter mit ä und äu mit dem Strategiezeichen.

Lerne bei
\# Streuselkuchen
mit säuerlichen
Äpfeln und
einem Tässchen
aufgeschäumtem
\# Kakao ... ↑↑

\# Läuse sind
unerfreulich!
Räucherkerzen
helfen nicht.
↶ Bräuchte
dringend gute
Ratschläge!

Einäugiger
unter Blinden
träumt
von guten
Noten auf dem
halbjährlichen
\# Zeugnis. ↑↑

4 Beweise die Schreibung der elf Wörter mit ä und äu aus Aufgabe 3.

sauer, ______________________________

____

5 Nicht alle Wörter mit ä und äu haben eine verwandte Form mit a und au. Diese Wörter musst du dir merken. Prüfe die folgenden Wörter und markiere alle Wörter verwandte Ableitungen.

Ähre ▪ Ausläufer ▪ Äquator ▪ häufig ▪ Ägypten ▪ Betäubung ▪ Geräusch ▪ Bestäubung
äußerlich ▪ einäugig ▪ Ästhetik ▪ Knäuel ▪ Wiederkäuer ▪ Käfer ▪ Häsin ▪ Käse ▪ täglich
säuerlich ▪ bäuerlich ▪ fähig ▪ während ▪ bewältigen ▪ Bär ▪ Ärger

Merkwörter mit v und h

M

1 **a Markiere in den folgenden Wörtern die unklare Stelle, an der man nicht schreibt, wie man spricht.**

Vater ▪ Klavier ▪ Viper ▪ von ▪ vergessen ▪ Vase ▪ vorhaben ▪ brav ▪ Larve ▪ verändern
Veilchen ▪ Vanille ▪ vollbringen ▪ Advent ▪ Violine ▪ November ▪ Kurve ▪ vorn ▪ vielleicht ▪
Pullover ▪ vorläufig ▪ Revolver ▪ Vieh ▪ Vers ▪ viel ▪ bevor ▪ davon

**b Was ist das gemeinsame Merkmal dieser Wörter?
Ergänze den folgenden Satz.**

Merke dir gut:
Die Wortbausteine **„ver-“ und „vor-“** werden immer mit **V/v** geschrieben.

In allen Wörtern kommt ein _____ vor.

Man spricht hier _____ oder _____ , aber man schreibt _____ .

c Schreibe die Wörter alphabetisch geordnet ab. Du musst sie dir merken.

____

____

____

____

____

2 **a Lies die folgenden Wörter deutlich in Silben und markiere den Buchstaben, den man nicht hört.**

Wörter mit **h** muss man sich merken. Das **h** bleibt in der Wortfamilie erhalten.

kühl stehlen Mühle wohnen fahren

führen Uhr Ohr berühmt Jahr Zahlen

b Suche dir zwei der Wörter aus und schreibe zu jedem je drei Wörter aus der Wortfamilie in dein Heft.

3 **a Kennzeichne in den folgenden Sätzen die Merkwörter mit h mit dem Strategiezeichen:** M
b Unterstreiche das Wort, in dem zwei Problemstellen mit h vorkommen.

Der Berufsverkehr führt morgens dazu, dass manche Bus- und Bahnfahrer sehr nervös sind. Es hilft leider nicht, während der Fahrt ständig auf die Uhr zu schauen, davon wird man nicht schneller. Wenn man schon keine Wahl hat, sollte man wenigstens einen kühlen Kopf behalten. Für Schüler ist es außerdem nicht sehr gefahrvoll, zu spät zu kommen, denn sie treffen ihre Lehrer in jedem Fall an.

Doppelte Konsonanten

Auf die erste Silbe kommt es an

1 **a** **Zeichne Silbenbögen unter die folgenden Wörter.**
b **Markiere die erste (betonte) Silbe rot, wenn sie mit einem Vokal endet. Dann nennt man sie offen. Markiere sie grün, wenn sie auf einen Konsonanten endet. Dann nennt man sie geschlossen.**

haben haften hallen der Haken hampeln die Griffe hämmern

die Pfiffe die Flanke alle also der Hammel das Alter hinken

2 **Prüfe für die Wörter von Aufgabe 1, wie du den Vokal in der ersten Silbe sprichst, und streiche in jeder der beiden folgenden Aussagen jeweils die falsche Angabe durch.**

A Wenn die erste (betonte) Silbe offen ist, spricht man den Vokal kurz/lang.

B Wenn die erste (betonte) Silbe geschlossen ist, spricht man den Vokal kurz/lang.

3 **a** **Trage je zwei weitere Wörter von Aufgabe 1 passend in die folgende Tabelle ein.**
b **Ergänze die Überschriften passend, indem du die falsche Angabe streichst.**

A Die erste (betonte) Silbe ist offen/geschlossen.	Die erste (betonte) Silbe ist offen/geschlossen.	
	B An der Silbengrenze stehen zwei gleiche/verschiedene Konsonanten.	C An der Silbengrenze stehen zwei gleiche/verschiedene Konsonanten.
ha ben,	haf ten,	hal len,

4 **Prüfe durch Verlängern, in welche Spalte der Aufgabe 3 diese Wörter gehören. Trage zu jedem Wort den Buchstaben der Spalte ein.**

☐ C der Kamm ☐ er kam ☐ die Wand ☐ er kennt

☐ hell ☐ der Held ☐ er hupt ☐ es summt

5 **Aufgepasst! Kreuze die falsche Aussage zur Konsonantenverdopplung im zweisilbigen Wort an.**

A ☐ Wenn die erste Silbe geschlossen ist, stehen an der Silbengrenze immer mindestens zwei Konsonanten.

B ☐ Wenn die erste Silbe geschlossen ist, stehen an der Silbengrenze entweder zwei (oder mehr) verschiedene oder zwei gleiche Konsonanten.

C ☐ Wenn an der Silbengrenze zwei verschiedene Konsonanten stehen, muss man Konsonanten nicht verdoppeln.

D ☐ Wenn die erste Silbe offen ist, verdoppelt man den Konsonanten an der Silbengrenze.

Wann schreibt man ie?

Auf die erste Silbe kommt es an

1 **Sprich die folgenden Wörter deutlich und ziehe die Silbenbögen.**

hindern singen hissen winseln missen liegen

schieben wissen binden lindern mildern schielen

2 **Trage je zwei Wörter von Aufgabe 1 passend in die Tabelle ein und kreuze an, wie man den Vokal spricht.**

erste Silbe offen	erste Silbe geschlossen, an der Silbengrenze ... zwei verschiedene Konsonanten	erste Silbe geschlossen, an der Silbengrenze ... zwei gleiche Konsonanten
______	______	______
______	______	______
Man spricht das **i** lang/kurz.	Man spricht das **i** lang/kurz.	Man spricht das **i** lang/kurz.

3 **Einsilber musst du verlängern, um die Schreibweise mit <u>ie</u> zu begründen. Trage ein: i oder <u>ie</u>?**

das S_ie_b – denn die Sie be ______ der D___b – denn ______

das K___nd – denn ______ das Z___l – denn ______

4 **a In diesen Wortschlangen findest du 16 Wörter mit fremdsprachlicher Herkunft. Trenne sie ab, trage sie in die Übersicht unten ein und ziehe Silbenbögen.**

KINOKILOBIBERTIRAMISULIMONADEPRIMELTIGERTERMITEN

PANTOMIMEZITRONEBIBELAPFELSINEBIBLIOTHEKGIRAFFEZIVILSILO

M Zweisilber: ______

M Mehrsilber: ______

b Schau dir die Wörter genau an und kreuze dann für jede der folgenden Aussagen an, ob sie zutrifft oder nicht.

	trifft zu	trifft nicht zu
A Zweisilbige Wörter, in denen das lang gesprochene **i** in der offenen Silbe mit **i** geschrieben wird, muss man sich merken.	☐	☐
B Mehrsilbige Wörter, die nicht zerlegbar sind und in denen das lang gesprochene **i** in der offenen Silbe mit **i** geschrieben wird, muss man sich merken.	☐	☐

Wann schreibt man s, wann ss oder ß?

1 **a Lies die folgenden Wörter deutlich und ziehe Silbenbögen.**

heißen die Vase grüßen die Soße die Rose draußen die Straße

b Schau dir die Wörter genau an und kreuze dann für jede der folgenden Aussagen an, ob sie zutrifft oder nicht.

	trifft zu	trifft nicht zu
A Die erste (betonte) Silbe ist bei allen Wörtern geschlossen.	☐	☐
B Die erste (betonte) Silbe ist bei allen Wörtern offen.	☐	☐
C Bei zwei Wörtern wird der s-Laut stimmhaft (summend) gesprochen.	☐	☐
D Bei allen Wörtern wird der s-Laut stimmhaft (summend) gesprochen.	☐	☐
E Bei fünf Wörtern wird der s-Laut stimmlos (zischend) gesprochen.	☐	☐

2 **a Ein stimmloser (zischender) s-Laut kann ß oder ss geschrieben werden. Lies die folgenden Wörter und ziehe Silbenbögen.**
b Schau dir jeweils die erste Silbe an und trage die Wörter in die Übersicht unten ein.

die Flüsse große wissen lassen gießen stoßen die Kasse

erste Silbe offen ______________________________

erste Silbe geschlossen, Konsonant (hier = s) an der Silbengrenze doppelt ______________________________

3 **Arbeite die folgende Regel aus, indem du umkreist, ob s, ß oder ss richtig ist.**

Ein stimmhafter (summender) s-Laut wird immer s / ss / ß geschrieben.
Hört man einen stimmlosen (zischenden) s-Laut, dann hilft die Strategie „Schwingen“, die Schreibung zu klären:
- Ist die erste (betonte) Silbe offen und hört man einen langen Vokal oder Diphthong (ei, au), schreibt man s / ss / ß .
- Ist die erste (betonte) Silbe geschlossen und hört man einen kurzen Vokal, schreibt man s / ss / ß .

4 **Am Ende eines Einsilbers unterscheiden sich s, ss und ß nicht in der Aussprache. Trage in die folgenden Wörter die richtige s-Schreibung ein. Kläre sie durch Verlängern. Tipp: Die Regel von Aufgabe 3 hilft dir dabei.**

er zerrei___t sie hei___t er verrei___t sie grü___t es pa___t sie schmei___t

____

5 **Für Profis: Schreibe ab und ergänze s, ß oder ss?**

Der Fu?baller scho? den Ball mit gro?er Wucht auf das Tor. Weil unser Torwart gedö?t hatte, konnte der gegnerische Stürmer das Spiel mit diesem Schu? schlie?lich doch noch zum krönenden Abschlu? bringen. Der Schütze lie? sich ins Gra? fallen und nahm den Beifall der rie?igen Zuschauermenge genu?voll entgegen. Wir dagegen konnten die hä?liche Niederlage überhaupt nicht genie?en.

Nomen erkennen und großschreiben

xX

Die Nomenproben durchführen

Wenn du beim Schreiben unsicher bist, ob ein Wort ein Nomen ist und darum **großgeschrieben** werden muss, helfen dir die **drei Nomenproben:**

Probe 1: Vor ein Nomen kannst du einen **Artikel** *(das/ein* Leben) oder ein **Pronomen** *(dieses Leben/ mein Leben)* setzen. Beachte: Ein Artikel kann auch mit einer **Präposition** verbunden sein, z. B.: *Kinder lernen für das Leben. – … fürs Leben.*

Probe 2: Nomen kannst du durch ein (oder mehrere) **Adjektiv(e)** beschreiben, z. B.: *… fürs eigene Leben.*

Probe 3: Nomen kann man **zählen** oder mit einer **Menge** angeben (z. B. *viele, manche, wenige),* z. B.: *Viele Kinder verstehen gar nicht, dass sie fürs eigene Leben lernen.*

1 **a** **Untersuche, welche Wörter in den folgenden Sätzen Nomen sind: Unterstreiche jedes Nomen mit dem Begleiter.**
b **Notiere, zu welcher Probe die Begleiter passen. Schreibe die Sätze verbessert auf, indem du die Nomen darin großschreibst.**

VORSICHT FEHLER!

A Zehn ziegen zogen zwanzig schwere säcke zum zug.

Probe 3 Probe 3 + 2

Zehn Ziegen

B Zehn zwitschernde zaunkönige machten zwanzig zierlichen zeisigen große konkurrenz im gesang.

C Faule frösche fressen frische frühlingszwiebeln, aber freche frösche finden muntere fliegen viel besser.

Typische Nomenendungen kennen

1 **Bilde aus den folgenden Adjektiven Nomen und schreibe sie auf: Ergänze einen Artikel und denke an die Großschreibung des Nomens. Tipp: Prüfe für jedes Wort, ob es mehrere Möglichkeiten gibt.**

feige	reich	einig	frei	freundlich	heiter
eigen	blind	frech	klug	gleich	bitter

Mit den folgenden **Suffixen** (Nachsilben) kann man aus vorhandenen Wörtern, z. B. aus Adjektiven oder Verben, **Nomen ableiten:** *-nis, -heit, -schaft, -keit, -ung oder -tum.*

Texte überarbeiten: Die Großschreibung prüfen

In dem Roman „Der Ruf des Kulanjango“ von Gill Lewis wird erzählt, wie die Jugendlichen Callum und Iona eines Sommers ein Fischadler-Weibchen auf der Farm von Callums Eltern entdecken, die in Schottland liegt. Sie beobachten das Tier heimlich. Eines Tages finden sie den Vogel verletzt auf.

1 **Lies den folgenden Auszug aus dem Roman „Der Ruf des Kulanjango“.**

Gill Lewis

Fischadler in Not (2013)

Ich war völlig unvorbereitet, das Adlerweibchen so nah vor mir zu sehen. Es war, als wären die Seen und die Berge und der Himmel tief in ihr verborgen, als wäre sie ein kleiner Teil dieser unermesslichen Landschaft und nicht ein Teilchen könnte ohne sie existieren.

„Nimm dir schnell feste Handschuhe, Callum“, sagte Hamish. „Ich brauche jetzt Hilfe.“

Ich zog mir die dicken Lederhandschuhe bis zu den Ärmeln hoch und legte meine Hände um die angelegten Flügel des Adlerweibchens. Ich dachte, sie wäre wirklich schwer, aber sie war leicht, viel leichter, als ich erwartet hatte, als sei sie selbst aus Luft geschaffen. Meine Hände zitterten. Ich wollte sie nicht verletzen, aber ich wollte auch den scharfen Krallen nicht zu nahe kommen.

„Sie hat dort oben im Nest drei Eier liegen,“ sagte Hamish. „Schau sie dir mal an, während ich dieses Zeug aufbaue.“

Iona zeigte mir das Foto auf dem Handy. Cremeweiße Eier mit schokoladenbraunen Klecksen lagen da in einem Bett aus weichem Gras.

2
- **a** **Lies den Text von Aufgabe 1 ein zweites Mal und unterstreiche alle 28 Nomen:**
- **b** **Zwei der Nomen werden von Mengenangaben begleitet: Markiere sie blau.**
- **c** **Bei acht der Nomen macht ein Adjektiv genauere Angaben: Markiere sie grün.**
- **d** **Zwei der Nomen haben keinen Begleiter: Notiere sie mit einer Erweiterung im Sinne der drei Nomenproben.**

Beachte: Auch **Satzanfänge** und **Eigennamen** werden **großgeschrieben.** Unterstreiche diese im Text nicht.

3
- **a** **Unterstreiche im folgenden Romanauszug alle 39 Nomen. Tipp: Wende die Nomenproben an, falls du unsicher bist.**
- **b** **Markiere die drei Nomen mit typischen Nomen-Suffixen.**

VORSICHT FEHLER!

Erste flugversuche

Wenige wochen später beobachteten Callum und Iona die adler erneut. Ein jungvogel stand am rand des horstes und schlug mit seinen mächtigen flügeln, um den wind zu prüfen. Er erhob sich aus dem nest und schwebte knapp darüber. Wir konnten die ermutigungen hören, die ihm seine eltern von einem anderen baum aus zuriefen. Er ließ sich wieder auf den horst fallen und stand direkt am äußersten rand. Dann breitete er, als hätte er sich entschieden, die schwingen aus, stieß sich ab und stürzte sich in die tiefe, auf den see zu. Ich hielt den atem an.

Der jungadler flatterte heftig mit den flügeln, fing sich und flog in weitem bogen über die bäume. Er kreiste und kreiste mit seinen großen schwingen über den wald, flatter, flatter, flatter, bemüht, sich in der luft zu halten. Wir beobachteten, wie er versuchte, auf dem dünnen zweig eines baumes in der nähe des horstes zu landen, aber der zweig bog sich unter ihm. Er erhob sich wieder und flatterte zum horst. Mit seinen langen, schlaksigen beinen schwankte er in der luft wie ein hubschrauber in stürmischem wetter. Die landung war schlecht geplant, er krachte ins nest, setzte sich, plusterte sich auf und brachte seine federn wieder in ordnung.

Nominalisierungen erkennen und großschreiben

In einem Satz kannst du auch **Verben oder Adjektive als Nomen** verwenden. Dies nennt man **Nominalisierung.** Ob es sich um eine Nominalisierung handelt und du das Wort großschreiben musst, erkennst du mit Hilfe der Nomenproben, z. B.: *Bedrohlich war das starke Jagen der Fischadler. → Artikel + Adjektiv*

1 **a** **Einige der unterstrichenen Wörter im folgenden Text sind Nominalisierungen: Kreuze diese an.**
b **Unterstreiche für jede Nominalisierung die Begleiter des Nomens (Nomenproben ▸ Seite 46).**

In Europa war die Lage für Fischadler bis in die 1950er-Jahre ☐ BEDROHLICH. Sie fingen den Menschen die Fische weg und wurden darum gejagt, bis es nur noch wenige Paare gab. Als man das ☐ BEDROHLICHE der Situation dann erkannte, war bald klar: Man musste die Bestände ☐ SCHÜTZEN, wenn man ein ☐ AUSSTERBEN verhindern wollte. Das ☐ JAGEN wurde eingeschränkt und bestimmte Pflanzenschutzmittel, die unter anderem die Adler schädigten, verboten. Dank des uneingeschränkten ☐ SCHÜTZENS konnten sich die Vögel aufs ☐ NEUE ausbreiten. In Schottland gibt es wieder zahlreiche Brutpaare, aber auch in Deutschland und vielen anderen Ländern in Europa und weltweit. Die Fischadler sind jetzt nicht mehr vom ☐ AUSSTERBEN bedroht.

2 **Markiere im Text von Aufgabe 1 die nominalisierten Adjektive blau und die nominalisierten Verben grün.**

Du kannst die **Nomenprobe** auch **in Gedanken** durchführen: Prüfe, ob du einen Artikel vor das Wort setzen könntest. Gelingt dies, ohne den Satz zu verändern, handelt es sich um eine Nominalisierung.

3 **Setze die Wörter im Rahmen in den Text ein: Entscheide dabei, ob es sich um Nominalisierungen handelt, die du großschreiben musst.**

Callum und Iona wissen, dass beim ____________ beobachten des Fischadlerpaares Vorsicht und ____________ geheimhalten des Brutplatzes wichtig sind, um den Vögeln ungestörtes ____________ brüten zu ermöglichen. Die Situation wird jedoch ____________ gefahrvoll, als das Adlerweibchen sich eines Tages in einer Angelleine verfangen hat. Das Tier hängt bewegungsunfähig in den Ästen der Bäume, die Jugendlichen befürchten ____________ lebensgefährliches. Sie bitten Hamish um Unterstützung, der als Ranger im Naturreservat arbeitet. Nach hartnäckigem ____________ bemühen gelingt Hamish dann das ____________ entfernen der Angelleine. Der Vogel wird wieder gesund und nach ____________ beringen des Fußes freigelassen. Callum und Iona beobachten sehr ____________ neugierig, wie Hamish den Adler außerdem mit einem Satellitensender ausstattet, um seine Flugroute nach Afrika zu ____________ verfolgen.

Tipp: Informationen über die Route des Fischadlers findest du im Internet unter www.dtv-kinderbuch.de.

Zeichensetzung

Die Kommasetzung bei Aufzählungen

1 **a In drei der folgenden Sätze gibt es Aufzählungen. Unterstreiche sie und prüfe die Kommasetzung.**

Fun-Sport Bubble-Football

A Bubble-Football-Bumperz sind Spaßgeräte, mit denen man auf Rasen, Kunstrasen, Hallenboden und am Strand spielen kann.

B Es gibt sie in verschiedenen Größen für Kinder ab fünf Jahren, für Heranwachsende und für erwachsene Spieler.

C Die Spieler stecken in luftgefüllten Plastikballons. Sie zwängen sich in eine Röhre in deren Mitte(,) und nur ihre Beine schauen heraus.

D Das witzige Spiel ist noch relativ unbekannt, bisher hauptsächlich in Dänemark beliebt, aber soll jetzt auch in Deutschland populärer werden.

b Ordne jeder der folgenden Kommaregeln denjenigen Satz von Aufgabe 1a zu, für den sie gilt.

1 ____ Aufgezählte Wortgruppen werden durch Kommas abgetrennt. Kein Komma steht vor nebenordnenden Konjunktionen wie z. B. *und, oder, sowie, entweder ... oder, sowohl ... als auch.*

2 ____ Aufgezählte Wörter werden durch Kommas abgetrennt. Kein Komma steht vor nebenordnenden Konjunktionen wie z. B. *und, oder, sowie, entweder ... oder, sowohl ... als auch.*

3 ____ In Aufzählungen steht vor den einschränkenden Konjunktionen *aber, jedoch, sondern, doch* ein Komma.

4 ____ Hauptsätze werden durch ein Komma getrennt. Vor *und/oder* kann ein Komma stehen, muss aber nicht.

2 **a Setze in den folgenden Sätzen die zehn Kommas, die in den Aufzählungen fehlen.**

VORSICHT FEHLER!

A Ein „richtiger" Fußballer kann Bälle annehmen stoppen und weiterspielen.

B Dazu braucht man flinke Augen wache Ohren und eine ausgezeichnete Körperwahrnehmung.

C Beim Bubble-Football ist das anders: Man ist körperlich durch den ballonartigen Luftsack eingeschränkt kann eigentlich nur nach oben schauen aber die Beine hat man frei.

D Damit kann man seinen Gegner überrumpeln den Ball führen und ins gegnerische Tor schießen.

E Man spielt zuerst gegen den Spieler man kann robust mit ihm umgehen man kann ihn schubsen man kann ihn von den Beinen holen aber von hinten ist das Schubsen verboten.

F Nach einem Sturz rollt man sich auf die Knie stemmt sich gegen die Kugel und steht auf.

b Gib für die folgenden Sätze an, welche der Regeln von Aufgabe 1b die Kommasetzung erklärt: Trage die Ziffer der passenden Regel ein.

Satz A = Regel ______ Satz C = Regel ______ und ______ Satz D = Regel ______

Die Kommasetzung in Satzgefügen

Unterordnende Konjunktionen sind z. B. *weil, nachdem, damit, obwohl, wenn, indem, als.* **Relativpronomen** sind *der, die, das, welcher, welche, welches.*

1 a **Unterstreiche in den folgenden Satzgefügen den Nebensatz.**
b **Umkreise jeweils die unterordnende Konjunktion oder das Relativpronomen.**

Quidditch für Muggel

A Quidditch ist ein ungewöhnliches Ballspiel, das in Mannschaften gespielt wird.
B J. K. Rowling, die das Spiel mit fliegenden Besen in ihren Harry Potter-Romanen bekannt gemacht hat, hat dafür ein ganz eigenes Regelwerk entwickelt.
C Nachdem 2005 am Middelbury College in Vermont (USA) von Studierenden die IQA (International Quidditch Association) gegründet wurde, kann man Quidditch nun auch in der realen Welt spielen.

2 **Ordne jeder der folgenden Kommaregeln denjenigen Satz von Aufgabe 1a zu, für den sie gilt.**

1 ____ Nachgestellte Nebensätze werden immer durch ein Komma vom Hauptsatz getrennt.

2 ____ Vorangestellte Nebensätze werden immer durch ein Komma vom Hauptsatz getrennt.

3 ____ Eingeschobene Nebensätze werden immer durch zwei (oder mehr) Kommas vom Hauptsatz getrennt.

3 a **Unterstreiche in den folgenden Satzgefügen den Nebensatz.**
b **Setze die fehlenden Kommas zwischen Hauptsatz und Nebensatz.**
c **Trage für jedes Satzgefüge die Ziffer der Regel von Aufgabe 2 ein, die hier für die Kommasetzung zutrifft.**

Im **Nebensatz** steht die **Personalform des Verbs** an letzter Stelle.

VORSICHT FEHLER!

A ☐ Obwohl Quidditch in einigen Ländern durchaus beliebt ist nimmt den Sport niemand wirklich ernst. B ☐ Leitidee des Spiel ist es dass Spieler aus zwei Mannschaften aufeinander losgehen und einen Ball im gegnerischen Tor unterbringen. C ☐ Das Spiel ist sehr komisch weil die Spieler den Ball mit einem zwischen die Beine geklemmten Besen fortbewegen müssen. D ☐ Das Tor besteht aus einem Hula-Hoop-Reifen der an einer Eisenstange befestigt ist. E ☐ Da der körperliche Einsatz mitunter ziemlich heftig ist gehen beim Spiel und beim Training oft einige Besen kaputt. F ☐ Deshalb muss man wenn man regelmäßig spielen will für ausreichenden Nachschub an Besen sorgen.

4 **Formuliere die folgenden Hauptsätze zu sinnvollen Satzgefügen um: Nutze die angegebenen Konjunktionen oder Relativpronomen und denke an die Kommasetzung. Schreibe in dein Heft.**

A Quidditch ist für Nichtkenner unübersichtlich. Es wird mit drei Ballarten und vier Bällen gespielt. — weil
B Der Quaffel ist ein hellroter Lederball. Er wird auf die Torringe geworfen. — der
C Mit dem Quaffel erzielt man ein Tor. Ein Tor zählt zehn Punkte. — wenn
D Den walnussgroßen Schnatz kann man nur schwer finden. Bei Ballbesitz bekommt man 150 Punkte. — da
E Das Spiel ist als echter Sport wenig bekannt. Es werden Weltmeisterschaften darin ausgetragen. — Obwohl

Tipp: Im Internet findest du unter iqaquidditch.com Informationen über das Spiel und die Turniere.

Texte überarbeiten: Die Zeichensetzung prüfen

1 **Kreuze für jede der folgenden Regeln an: Kannst du sie sicher anwenden oder nicht?**

	Kann die Regel sicher anwenden	Muss sie wiederholen	
1 In Aufzählungen werden Wörter oder Wortgruppen durch Kommas abgetrennt. Kein Komma steht vor nebenordnenden Konjunktionen wie z. B. *und, oder, sowie, entweder ... oder, sowohl ... als auch.*	☐	☐	▶ Seite 49
2 In Aufzählungen steht vor den einschränkenden Konjunktionen *aber, jedoch, sondern, doch* ein Komma.	☐	☐	▶ Seite 49
3 Hauptsätze werden durch ein Komma getrennt. Vor *und* bzw. *oder* kann ein Komma stehen, muss es aber nicht.	☐	☐	▶ Seite 49
4 Nebensätze werden immer durch Kommas vom Hauptsatz getrennt.	☐	☐	▶ Seite 50

2 **a Im folgenden Text wurden die Regeln zur Zeichensetzung nicht beachtet: Setze die 15 fehlenden Kommas.**
b Notiere für jeden Satz die Ziffer der Regel von Aufgabe 1, die seine Kommasetzung erklärt.

VORSICHT FEHLER!

Sumpffußball

A ☐ Bei uns schimpfen Fußballer über schlechte Rasenplätze denn sie rutschen dort aus. B ☐ Beim Sumpffußball in Finnland lacht man darüber da kann das Wetter nicht schlecht genug sein auf dem Platz muss es ordentlich matschen. C ☐ Damit das garantiert ist spielt man in Sumpfgebieten. D ☐ Der Sumpffußball ist in erster Linie eine sehr witzige Angelegenheit die großen Spaß macht. E ☐ Die Regeln ähneln dem Fußball aber sie sind den Gegebenheiten angepasst. F ☐ Gespielt wird mit fünf Feldspielern einem Torwart pro Mannschaft und einem Ball.

G ☐ Der Strafraum und das Tor sind kleiner die Spielzeiten kürzer und die Nachspielzeit dauert zehn Minuten. H ☐ Die wichtigste Regel beim Sumpffußball heißt Bewegung Bewegung Bewegung. I ☐ Sonst sinkt man bis zur Hüfte ein und man kommt nicht wieder heraus. J ☐ Dass das Kraft kostet kann man sich gut vorstellen. K ☐ Auswechseln darf man die Spieler ständig aber die Schuhe müssen dieselben bleiben. L ☐ Wenn man sie verliert hat man Pech. M ☐ Auf den traditionellen Spielstätten liegen Hunderte von Schuhen im Morast und keiner findet sie jemals wieder.

3 **a Analysiere die Art der Fehler im Text von Aufgabe 2: Trage für jede Regel (Aufgabe 1) die Zahl der Verstöße ein.**
b Unterstreiche zwei Sätze im Text von Aufgabe 2, in denen man ein Komma setzen kann, aber nicht muss.

Regel 1:	Regel 2:	Regel 3:	Regel 4:

Besser schreiben und verstehen: Grammatik

Grammatikwissen hilft dir, **fehlerfrei** und **abwechslungsreich** zu schreiben.

1 **Schätze dein Wissen ein: Kannst du richtig und abwechslungsreich schreiben? Prüfe im Fragebogen jeden Punkt und kreuze an, was du kannst und was nicht.**

Was weiß ich über Grammatik?

Fragebogen ?

	Das kann ich.	Das kann ich nicht.	Hier kannst du es lernen.
Ich weiß, welche Kasusformen nach Präpositionen vorkommen können, und kann diese richtig anwenden.	☐	☐	S. 53
Ich kenne die Präpositionen, auf die Dativ, aber auch Akkusativ folgen kann, und weiß, wie sich die Bedeutung dabei ändert.	☐	☐	S. 54
Ich erkenne bei Pronomen immer, auf welche Bezugswörter sie sich beziehen.	☐	☐	S. 55
Ich kann die Demonstrativpronomen *dieser* und *jener* auch in komplizierten Sätzen richtig verwenden.	☐	☐	S. 55
Ich weiß, auf welche Verben eine feste Präposition folgt.	☐	☐	S. 56
Ich erkenne das Passiv und weiß, wozu es verwendet wird.	☐	☐	S. 57
Ich kann das Passiv in verschiedenen Zeitformen richtig bilden.	☐	☐	S. 58
Ich kann das Passiv einsetzen, um einen Informationsmangel anzuzeigen oder um abwechslungsreich zu schreiben.	☐	☐	S. 59
Ich kann unterscheiden zwischen Zustands- und Vorgangspassiv.	☐	☐	S. 60
Ich kann Ersatzformen für das Passiv bilden.	☐	☐	S. 61
Ich kann Aktiv- in Passivformulierungen umformen und umgekehrt, um abwechslungsreicher zu schreiben.	☐	☐	S. 62
Ich weiß, wie eine Vorgangsbeschreibung sprachlich gestaltet werden muss.	☐	☐	S. 63

2 **Werte den Fragebogen aus: Wo bist du unsicher? Die Spalte rechts zeigt dir, auf welchen Seiten du gezielt trainieren kannst.**

3 **Markiere im folgenden Koordinatensystem mit zwei Kreuzen, wo du mit deinem Grammatikwissen stehst und was, bis zu welchem Zeitpunkt, dein Ziel ist:**

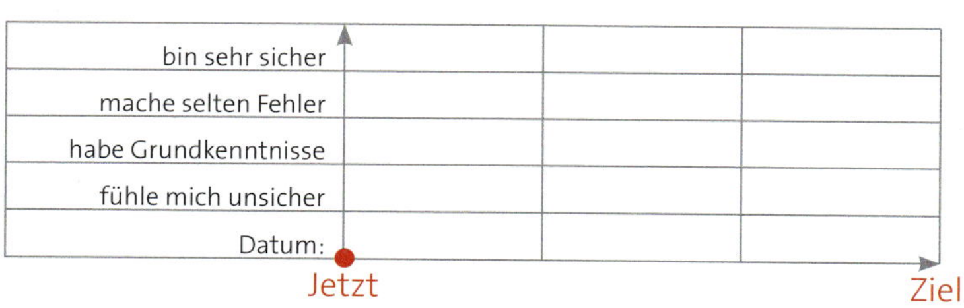

4 **Arbeite den Fragebogen ein zweites Mal durch, nachdem du die Seiten 53 bis 63 bearbeitet hast. Nimm nun einen roten Stift, dann siehst du sofort, wo du sicherer geworden bist.**

Präpositionen bestimmen den Kasus

1 **Lies den folgenden Text über den Lügendetektor, den ein Schüler für seine Schülerzeitung geschrieben hat. Er hatte Schwierigkeiten, den richtigen Kasus nach Präpositionen zu finden.**

Atmung und Blutdruck als Hinweise auf Wahrheit? Die Erfindung des „Lügendetektors“

VORSICHT FEHLER!

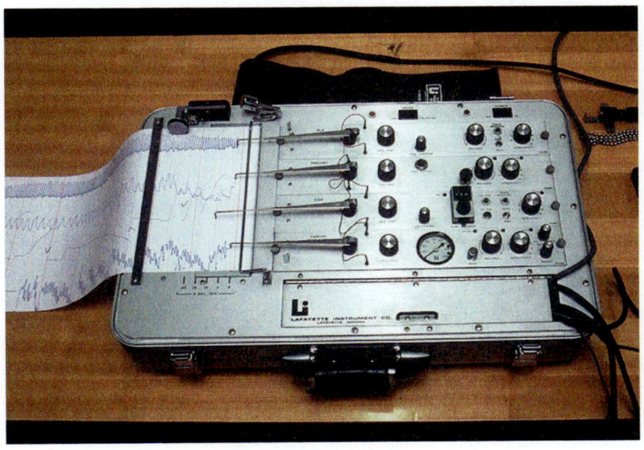

Was wir umgangssprachlich mit ~~den Begriff~~ dem Begriff „Lügendetektor“ bezeichnen, wird von Wissenschaftler ______ „Polygraph“ genannt. Es handelt sich um einen Gerät ______, das bei eine Person ______ während eine Befragung ______ bestimmte Daten misst, wie zum Beispiel den Blutdruck, die elektrische Leitfähigkeit der Haut oder die Atmung. Von einen „Lügendetektor“ ______ zu sprechen, ist nicht korrekt, weil aus die gemessenen Daten ______ nur Hinweise auf der Reaktion ______ des Befragten abgeleitet werden können. Die Daten sprechen also nicht direkt für oder gegen der Wahrheit ______ der Aussage. Seit den Jahr ______ 1913 gibt es Polygraphen. Damals hatte der Psychologe Vittorio Benussi an die Universität ______ von Graz erstmals einen Apparat gebaut, der die Atmung und den Puls aufzeichnete. 1935 wurde ein Polygraph von Leonard Keeler erstmals in ein Experiment ______ getestet.

2 **Hast du den Text von Aufgabe 1 gut verstanden? Erkläre, warum der Begriff „Lügendetektor“ ungenau ist.**

Der Begriff „Lügendetektor“ ist ungenau, weil ______

______

______

3 **Im Text von Aufgabe 1 sind die Kasusfehler unterstrichen. Verbessere sie und trage das Objekt im richtigen Kasus in die Lücke ein.**

4 Mache dir klar, wie du bei Aufgabe 3 auf Seite 53 den richtigen Kasus gefunden hast:

a Ergänze für die folgenden Beispiele die Kasusfrage, den Kasus und deine Lösung.

Falsch war ...	Kasusfrage	Kasus	Richtig ist also:
mit den Begriff (Z. 1)	mit wem?	Dativ	mit dem Begriff
um einen Gerät (Z. 5)			
bei eine Person (Z. 6)			
während eine Befragung (Z. 7)			

b Die meisten der häufig verwendeten Präpositionen sind mit dem Dativ oder mit dem Akkusativ verbunden. Erforsche, welche Präpositionen welchen Kasus verlangen. Ergänze die Übersicht.

Verwende diese Präpositionen.	Trage je zwei weitere Beispiele ein: Die Nomen kannst du dir aussuchen.	Trage ein: Diese Präpositionen verlangen
A *durch, für, um, gegen, ohne*	durch den Befragten, für ______ ______	... den Kasus: ______.
B *mit, nach, bei, seit, von, zu, außer, aus*	mit dem Lügendetektor, ______ ______	... den Kasus: ______.

Nur wenige Präpositionen verlangen den Genitiv.

5 Prüfe die folgenden Wortgruppen und kreuze den hier verwendeten Kasus an.

A *wegen des Verdachts* → „Wegen" steht ... ☐ mit dem Genitiv. ☐ mit einem anderen Kasus.

B *außerhalb des Zimmers* → „Außerhalb" steht ... ☐ mit dem Genitiv. ☐ mit einem anderen Kasus.

6 Einige Präpositionen des Ortes können mit Dativ oder Akkusativ stehen. Das verändert ihre Bedeutung.

a Verbinde die Sätze durch eine Linie mit dem passenden Bild.

A Der Befragte trat unruhig vor das Fenster. (Akkusativ)

B Der Befragte stand unruhig vor dem Fenster. (Dativ)

Richtung

Lage

b Welcher Kasus passt, um den Inhalt des Bildes richtig wiederzugeben? Umkreise im folgenden Satz den richtigen Kasus.

Der Kriminalbeamte trat hinter dem / den Mann.

Pronomen haben immer Bezugswörter

1 Lies den folgenden Text.

Wie funktioniert ein „Lügendetektor"?

Die Erfindung des Lügendetektors beruht auf der Annahme, dass ein Lügner beim Lügen nervös wird. 1 Er muss 2 dies nicht unbedingt so zeigen, dass 3 sein Gegenüber 4 es bemerkt. Aber 5 sein Nervensystem zeigt Reaktionen, 6 die messbar sind. 7 Sie können beispielsweise in einem erhöhten Puls oder in leichtem Schwitzen bestehen, wobei 8 dieses durch Hautsensoren, 9 jener durch eine Manschette am Handgelenk gemessen werden kann. Werden mehrere 10 solcher Reaktionen gleichzeitig überwacht, so können aus dem Gesamtbild bestimmte Schlüsse gezogen werden.

Im Text kann sich ein Pronomen auch auf ein Bezugswort im vorhergehenden Satz rückbeziehen.

2 Ermittle für die im Text bei Aufgabe 1 unterstrichenen Pronomen, auf welche Wörter oder Wortgruppen sie sich beziehen, und notiere diese in der folgenden Übersicht.

	Pronomen bezieht sich auf:
1 Er	*ein Lügner*
2 dies	*dass ein Lügner beim Lügen nervös wird*
3 sein	
4 es	
5 sein	

	Pronomen bezieht sich auf:
6 die	
7 Sie	
8 dieses	
9 jener	
10 solcher	

3 Kommen „dieser" und „jener" in demselben Satz vor, musst du klären, was genau gemeint ist.

a Streiche jeweils das Falsche. Tipp: Das Bild zeigt dir die Antwort.

A „Dieser" bezieht sich immer auf das zuletzt / zuerst Genannte.

B „Jener" bezieht sich immer auf das zuletzt / zuerst Genannte.

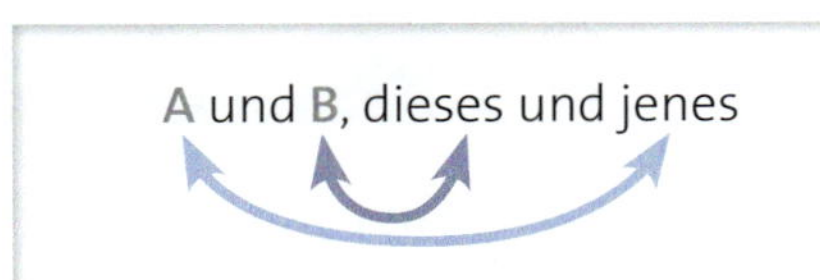

b Setze „dieser" und „jener" richtig ein.

A Im Raum waren der Staatsanwalt und der Befragte: ______________ war an ein Gerät angeschlossen, ______________ saß hinter dem Schreibtisch.

B Der Befragte gab zu, ein Fahrrad und eine Geldbörse gestohlen zu haben. ______________ blieb unauffindbar, aber ______________ wurde an eine Parkuhr gekettet aufgefunden.

Präpositionen, Pronomen und Kasus richtig wählen

1 **Vervollständige den folgenden Text:**

a **Trage bei den grünen Linien ein passendes Demonstrativpronomen im richtigen Kasus ein: Der Tipp rechts hilft dir.**

b **Ergänze bei jedem Wort im Rahmen eine sinnvolle Präposition und trage die Wortgruppe im richtigen Kasus ein.**

Demonstrativpronomen *(der/die/das, dieser/diese/dieses, jener/jene/jenes, solcher/solche/solches, derselbe/dieselbe/dasselbe)* weisen deutlich auf etwas hin, z. B.: *Dieses Wissen ist geheim!* Demonstrativpronomen können Begleiter eines Nomens sein oder es im Satz vertreten.

Wie wendet man einen „Lügendetektor" an?

Oft beginnt die Befragung mit einem *solchen* Lügendetektor mit einem Tatsachentest. __________ ist eine Methode, bei der der Befragte nicht direkt *über die Tat* [Tat] befragt wird. Die Beamten interessieren sich vielmehr __________ [Wissen] des Befragten __________ [Einzelheiten] des Tatgeschehens. Sie konzentrieren sich __________ [Fragen], die nur der Täter beantworten kann. Erinnert sich der Täter __________ [bestimmte Gesichtspunkte] der Tat und will __________ verschweigen, so wird __________ möglicherweise __________ __________ [der Lügendetektor] aufgedeckt. Geschulte Beamte stellen den Befragten __________ [Wahl] zwischen zwei Möglichkeiten. Wer jetzt bewusst die Unwahrheit sagt, wird __________ [Lügendetektor] meist eindeutig überführt.

2 **Manche Verben sind fest mit Präpositionen verbunden:**

a **Füge jedem der folgenden Verben eine der angebotenen Präpositionen hinzu.**

mit	um	auf	von	mit	auf

sich kümmern __________ ☐ hoffen __________ ☐ aufpassen __________ ☐

sich auseinandersetzen __________ ☐ zufrieden sein __________ ☐ träumen __________ ☐

b **Notiere neben jedem Verb + Präposition bei Aufgabe 2 a, in welchem Kasus das Objekt stehen muss: Akkusativ = A oder Dativ = D.**
Tipp: Wenn du unsicher bist, wende die Frageprobe an: Wen oder was? = Akkusativ; Wem? = Dativ.

Das Passiv erkennen und verstehen

1 **Lies den folgenden Text über das „Einparken" nach Art der Fledermäuse.**

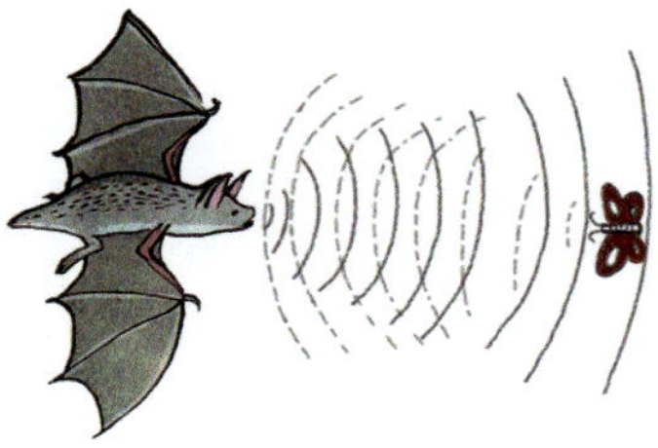

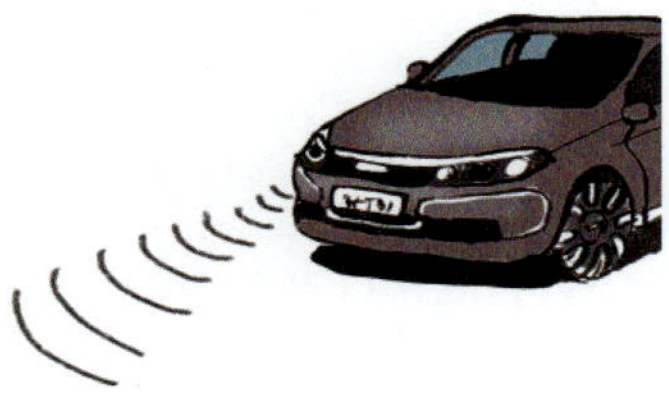

Tolle Erfindungen der Natur: Einparken nach Art der Fledermaus

A Um sich in der Nacht zurechtzufinden, verwenden Fledermäuse eine spezielle Technik. Sie erzeugen Ultraschalltöne, die wir Menschen nicht hören können. Wände und Gegenstände werfen diese Töne zurück und die Fledermäuse können aus diesem Echo berechnen, wo die Wand oder der Gegenstand steht.
Die Menschen haben diese Erfindung der Natur übernommen. Auf ähnliche Weise nutzen wir Ultraschall, etwa als Einparkhilfe. Das Piepsen beim Einparken, das wir in vielen Autos hören, stammt von einem Ultraschallgerät, das den Abstand zum nächsten Auto misst.

B Um sich in der Nacht zurechtzufinden, wird von Fledermäusen eine spezielle Technik verwendet. Von ihnen werden Ultraschalltöne erzeugt, die wir Menschen nicht hören können. Diese Töne werden von Wänden und Gegenständen zurückgeworfen und aus diesem Echo wird von den Fledermäusen berechnet, wo sich die Wand oder der Gegenstand befindet. Diese Erfindung der Natur wurde von den Menschen übernommen. Ultraschall wird von uns auf ähnliche Weise genutzt, etwa als Einparkhilfe. Das Piepsen beim Einparken, das in vielen Autos gehört wird, wird von einem Ultraschallgerät erzeugt, das den Abstand zum nächsten Auto misst.

2 **Kreuze für jeden der beiden Texte von Aufgabe 1 die Form an, in der er steht.**

Text A steht im ☐ Aktiv ☐ Passiv.   Text B steht im ☐ Aktiv ☐ Passiv.

3 **Eine der folgenden Aussagen über Aktiv und Passiv ist falsch. Kreuze sie an.**

A ☐ Im Passiv wird betont, was jemandem geschieht.
B ☐ Das Passiv steht immer im Präteritum.
C ☐ Das Passiv betont die Handlung/das Geschehen.
D ☐ Im Aktiv wird betont, wer etwas tut.

4 **Kreuze in der folgenden Regel falsche Angaben durch.**

Das Passiv wird meist so gebildet: Personalform von *haben/werden* und Partizip II/Infinitiv des Verbs.

5 **Unterstreiche in Text B alle Passivformen.**

Das Passiv richtig bilden

1 **Ein Schüler hat sich zur Bildung des Passivs einen Spickzettel angelegt. Schließe die vier Lücken:**

Objekt des Aktivsatzes

→ **Subjekt im Passivsatz:**

Gutenberg erfand den Buchdruck.

→ ____________________

wurde von Gutenberg erfunden.

	Aktiv	Passiv
A Präsens	Jens **bewundert** die Maschine.	Die Maschine ____________ bewundert.
B Präteritum	… **bewunderte** die Maschine.	… ____________ bewundert.
C Perfekt	… **hat** die Maschine **bewundert.**	… ist ____________ worden.

2 **Schreibe die folgende Liste mit Erfindungen ins Passiv um. Behalte das Tempus (die Zeitform) bei.**

A **1452** erfand Johannes Gutenberg den Buchdruck.

1452 wurde der Buchdruck von Johannes Gutenberg erfunden.

B **1885** baute Carl Benz das erste Auto.

____

C **1861** hat Philipp Reis den ersten Telefonapparat gebaut.

____

D **1895** hat Conrad Röntgen das erste Röntgenbild erstellt.

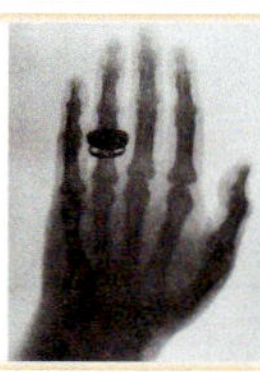

____

E **1930** baut Manfred von Ardenne den ersten Fernseher.

____

F **1938** erfindet Konrad Zuse einen Vorläufer des Computers.

____

Das Passiv verwenden

In einem Passivsatz kann der Handlungsträger ergänzt werden, z. B.: *In Japan wurde der Roboter ASIMO von Forschern eines großen Automobilkonzerns entwickelt.*
In einem Passivsatz kann der **Handlungsträger** aber auch völlig **weggelassen** werden, z. B.:
- wenn er unbekannt ist (Passiv aus Informationsmangel): *Es wurde ein neuartiger Roboter erfunden.*
- wenn der Handelnde aus bestimmten Gründen nicht genannt werden soll (Passiv als Informationsriegel), um z. B. eine Person zu schützen oder einen Täter zu verschleiern: *Der Roboter wurde entwendet.*

1 Forme die folgenden Sätze über den Roboter ASIMO in Passivsätze ohne Handlungsträger um.

Forscher in Japan haben Roboter ASIMO erfunden

A In Fernost haben Konstrukteure viele gehende Roboter wie ASIMO entwickelt.
B Firmen setzen den zweibeinigen Service-Roboter zum Beispiel bei Veranstaltungen als „Empfangsdame“ ein.
C Viele sehen ASIMO als Basismodell für höher entwickelte Roboter.

Passiv ohne Handlungsträger

In Japan wurde der Roboter ASIMO erfunden.

A ______________________

____

____

____

____

____

____

2 Forme die unterstrichenen Sätze in Passivsätze um, sodass ein abwechslungsreicherer Satzbau entsteht.

Laufen als Problem

Bei der Konstruktion von Robotern hat sich die Laufbewegung als besondere Schwierigkeit erwiesen. Beim Laufen verlagern wir das Gewicht von einem Bein auf das andere. Menschen lernen das Laufen als Kleinkind. Forscher bringen Robotern das Laufen durch eine geschickte Programmierung bei.

Abwechslungsreich schreiben mit dem Passiv

Bei der Konstruktion von Robotern hat sich die Laufbewegung als besondere Schwierigkeit erwiesen.

____

____

Menschen lernen das Laufen als Kleinkind.

____

____

____

Mit dem Passiv Zustände oder Vorgänge beschreiben

1 **a Mit Passivsätzen kann man Zustände oder Vorgänge beschreiben.
Lies die folgenden Sätze und schau dir die Bilder an.**

A Der Roboter wird beschädigt.

B Der Roboter ist beschädigt.

1 

2 

b Streiche in den folgenden Aussagen die falsche Angabe und ergänze die Nummer des passenden Bildes.

Satz A beschreibt einen Zustand/einen Vorgang. Dazu passt Bild ______ .

Satz B beschreibt einen Zustand/einen Vorgang. Dazu passt Bild ______ .

2 **Ergänze die Aussagen: Setze sein oder werden ein.**

Das Vorgangspassiv nennt man auch ______________-Passiv, das Zustandspassiv auch ______________-Passiv.

3 **a Unterstreiche im ersten Absatz des folgenden Textes alle Formen des Vorgangspassivs einmal und alle Formen des Zustandspassivs doppelt.**
b Setze im zweiten Absatz Vorgangs- oder Zustandspassiv wie im Rahmen angegeben ein.

Roboter-Fußball

An der Technischen Universität Darmstadt wurden von Professor von Stryk und seinem Team Roboter entwickelt, die Fußball spielen können. Sie sind auf den Mannschaftssport programmiert und werden wie echte Fußballkicker trainiert.

Dass die Mannschaften gut ______________________ [Zustandspassiv: vorbereiten], zeigt sich an ihren Erfolgen. Sogar die Weltmeisterschaft der Robotermannschaften ______________ mehrfach von ihnen __________________________ [Vorgangspassiv: gewinnen]. Aber anders als bei menschlichen Fußballern ______________ die Erfolge von den Robotern nicht ausgelassen ____________________________ [Vorgangspassiv: feiern]. Die Roboter zieht es nach einem Spiel nur zur Steckdose.

Ersatzformen für das Passiv verwenden

Wenn du den **Handlungsträger in einem Text nicht nennen** kannst oder willst, kannst du neben dem Passiv auch Ersatzformen verwenden, um abwechslungsreicher zu schreiben.

1 **Im folgenden Text sind in der linken Spalte die verwendeten Passivformen unterstrichen.**

a Unterstreiche in der rechten Spalte die Ersatzformen für die markierten Passivformen.

Passiv	Ersatzformen
Wie Roboter auf dem Fußballfeld die Balance halten A Damit Roboter beim Laufen nicht umfallen, werden Sensoren eingesetzt. B In jeden Roboter wird ein solcher Gleichgewichtssensor eingebaut. C Falls die Balance des Roboters bedroht ist, wird vom Sensor aus ein Signal gesendet.	A Damit Roboter beim Laufen nicht umfallen, setzt man ihnen Sensoren ein. B Bei jedem Roboter ist ein solcher Gleichgewichtssensor einsetzbar. C Falls die Balance des Roboters bedroht ist, lässt sich vom Sensor aus ein Signal senden.

b Gib an, welche Ersatzformen genutzt wurden. Nutze den Tipp rechts und trage die Ziffer der Ersatzform ein.

A werden ... eingesetzt wurde ersetzt durch: ____________

B wird ... eingebaut wurde ersetzt durch: ____________

C wird ... gesendet wurde ersetzt durch: ____________

Ersatzformen für das Passiv:
1 *sich lassen* + Infinitiv
2 man-Form
3 Verbform von *sein* + Adjektiv mit der Endung *-bar, -lich, -fähig*
4 Sie-Form/Du-Form

2 **a Unterstreiche in jedem der folgenden Sätze die Passivform.**

b Formuliere die Sätze um: Für die Sätze A und B sind Ersatzformen vorgeschlagen, wähle für Satz C die Ersatzform selbst.

Wie erkennen die Roboter den Spielverlauf?

A Der orangefarbene Ball wird durch eine Kamera im Roboter erkannt.

sich lassen + Infinitiv: ____

____

B Diese Informationen werden dann über ein Netzsystem an alle Roboter auf dem Feld weitergegeben.

man-Form: ____

____

C Spielfeldmarkierungen und Mitspieler werden auf die gleiche Weise erfasst.

____

____

Eine Vorgangsbeschreibung überarbeiten

1 Überarbeite den Textentwurf in der linken Spalte. Gehe so vor:

a Die im folgenden Abschnitt unterstrichenen Wörter sind falsch gewählt oder in einen falschen Kasus gesetzt worden. Überarbeite und trage deine Verbesserung in die rechte Spalte ein.

Erfindungen der Natur nutzen: Das Gecko-Klebeband

Textentwurf VORSICHT FEHLER!	Textverbesserung
Der besondere Klebstoff des Geckos	
Der Gecko ist ein kleines Reptil. Das Besondere an solchem Tier ist ihre Fähigkeit, auf allem möglichem Oberflächen laufen zu können. An ihr lange flache Zehen haben die Geckos nämlich viele winzig kleine Läppchen. Jene Haftlamellen sind weich und anschmiegsam. Durch ihnen bekommt der Geckofuß eine riesige Oberfläche, der für einer großen, physikalisch begründete Haftung sorgt.	*Der Gecko ist ein kleines Reptil. Das Besondere an ___ Tier ist ___ Fähigkeit, auf ___ Oberflächen laufen zu können. An ___ Zehen haben die Geckos nämlich viele winzig kleine Läppchen. ___ Haftlamellen sind weich und anschmiegsam. Durch ___ bekommt der Geckofuß eine riesige Oberfläche, ___ für ___, physikalisch begründete Haftung sorgt.*

b Überarbeite, indem du die doppelt unterstrichenen Sätze ins Passiv setzt und in den unterpunkteten Sätzen eine Ersatzform für das Passiv verwendest (► Seite 61).

Textentwurf VORSICHT FEHLER!	Textverbesserung
Entwicklung eines Klebebands mit Gecko-Klebkraft	
US-amerikanische Forscher entwickeln zurzeit nach dem Vorbild des Geckofußes ein Klebeband. Dafür werden von ihnen hauchdünne Röhrchen aus Kohlenstoff und ein Klebestreifen benötigt. Zuerst statten sie die kleinen Röhrchen mit weichen Enden aus, sodass sie sich gut an jede Oberfläche anschmiegen können. Dann bestücken sie den Klebestreifen mit diesen Röhrchen.	*Zurzeit wird von ___ sodass sie sich gut an jede Oberfläche anschmiegen können. ___*

Textentwurf VORSICHT FEHLER!	Textverbesserung
Der Klebestreifen kann nun an eine Wand geklebt werden, obwohl er keinen Klebstoff enthält.	, obwohl er keinen Klebstoff enthält.
Damit nutzen die Forscher das Prinzip des Geckofußes für eine menschliche Erfindung.	
Mit einem Quadratzentimeter des Gecko-Klebebandes kann ein Gewicht von zehn Kilogramm gehalten werden.	
So kann also zum Beispiel dein Schulranzen an einem kleinen Klebestreifen von einem Quadratzentimeter aufgehängt werden.	

2 **Prüfe dein Wissen über den Aufbau und die sprachliche Gestaltung einer Vorgangsbeschreibung: Verbinde die Satzanfänge mit den richtigen Fortsetzungen.**

A Einleitung: Nenne in der Einleitung	a weiterführende Hinweise.
B Hauptteil: Beschreibe im Hauptteil	b die notwendigen Materialien und Vorbereitungen.
C Schluss: Gib am Schluss	c Schritt für Schritt den Ablauf des Vorgangs.
D Schreibe die Vorgangsbeschreibung	d neben Aktivformen auch das Passiv, um abwechslungsreich zu schreiben.
E Nutze Verknüpfungen (z. B. *zuerst, danach*),	e im Präsens.
F Verwende für die Vorgangsbeschreibung	f um die Reihenfolge deutlich zu machen.

3 **Für Profis: Trage die angebotenen grammatischen Fachbegriffe sinnvoll in den folgenden Satz ein.**

Subjekt   Objekt

Den Aktivsatz „Der Gecko klebt ohne Klebstoff an der Wand“ kann man nicht in einen Passivsatz umwandeln, weil der Aktivsatz kein ______________ enthält, das im Passiv zum ______________ umformuliert werden kann.

Autoren- und Quellenverzeichnis

S. 11, 16: Auer, Martin: Herr Balaban fällt in den Brunnen. Aus: Herr Balaban und seine Tochter. Beltz Verlag, Weinheim und Basel 2002, S. 144–145. **S. 47:** Lewis, Gill: „Fischadler in Not", „Erste Flugversuche". Aus: Der Ruf des Kulanjango. Übersetzt von Siggi Seuß. Deutscher Taschenbuch Verlag, München 2012, S. 69 u. 90 f.

Bildquellenverzeichnis

S. 5, 9, 10: © mit freundlicher Genehmigung der Crossboccia GmbH, Wuppertal. www.crossboccia.com. **S. 19** oben, **22, 51:** picture alliance/dpa. **S. 19** unten, **25:** (jg. Mann) © Kyrylo Grekov – Fotolia.com. **S. 21:** picture alliance/ZUMAPRESS.com. **S. 25:** (Mädchen) © serov – Fotolia.com, (Frau m. Kind) © Valua Vitaly – Fotolia.com. **S. 31, 34:** © Bo Valentino – Fotolia.com. **S. 33:** © Sabphoto – Fotolia.com. **S. 35:** © Hemeroskopion – Fotolia.com. **S. 39:** © Štěpán Kápl – Fotolia.com. **S. 42:** © maho – Fotolia.com. **S. 47** oben: Cover von: Gill Lewis, Der Ruf des Kulanjango: © Deutscher Taschenbuch Verlag, München 2013; unten: picture alliance/Arco Images. **S. 49:** © Markus Bohl. **S. 50:** © Paul Hennessy/Polaris/laif. **S. 53:** picture alliance/Sven Simon. **S. 57:** © cheri131 – Fotolia.com. **S. 58** von oben nach unten: Mauritius Images/imagebroker, akg images, picture alliance/dpa, Mauritius Images/Science Source, TV-Yesterday/INTERFOTO, SF/INTERFOTO. **S. 59:** Shutterstock. **S. 60, 61:** Imago. **S. 63:** picture alliance/landov

Impressum

Redaktion: lüra – Klemt & Mues GbR, Wuppertal

Illustrationen: Maja Bohn, Berlin; Illustration Klebebogen: Jutta Melsheimer, Berlin

Umschlaggestaltung und Layoutkonzept: werkstatt für Gebrauchsgrafik, Berlin

Technische Umsetzung: Anna-Maria Klages, Wuppertal

www.cornelsen.de

Alle Drucke dieser Auflage sind inhaltlich unverändert
und können im Unterricht nebeneinander verwendet werden.

1. Auflage, 1. Druck 2014

Druck: Himmer AG, Augsburg

ISBN: 978-3-06-062840-7

PEFC/04-31-1549

PEFC zertifiziert
Dieses Produkt stammt aus nachhaltig bewirtschafteten Wäldern und kontrollierten Quellen.

www.pefc.de

Gymnasium

Deutschbuch

Förderheft 7

Lösungen

Name: ____________________

Klasse: ____________

Cornelsen

Texte lesen und verstehen

Seite 3

Fragebogen: Welche Lesetricks wende ich an?

1 *Das könntest du geantwortet haben:*

zu 1.: Ich verschaffe mir einen Überblick über den Inhalt eines Textes, indem ich zuerst die **Überschrift** und, wenn vorhanden, die **Zwischenüberschriften** im Text lese. Anschließend lese ich die **ersten Zeilen** und schaue mir die **Bilder oder Grafiken** an. Dann habe ich eine erste Idee, worum es in diesem Text geht.

zu 2.: Wenn ich einen Text in einem Buch lese, dann ziehe ich eine **Kopie** davon, damit ich **mit dem Text arbeiten** kann. Ich **lese zügig** den ganzen Text durch und **kreise unbekannte Wörter ein.** Ich kläre, was das Thema des Textes ist.

zu 3.: Wenn ich etwas nicht sofort verstehe, prüfe ich zuerst, ob ich den Text auch ohne die Textstelle verstehen kann. Gelingt dies nicht, **erschließe** ich die **Bedeutung aus dem Textzusammenhang** oder ich **schlage nach,** z. B. in einem Lexikon oder Wörterbuch, oder ich recherchiere im Internet.

zu 4.: Ich lese den Text sorgfältig ein zweites Mal. Beim Lesen markiere ich **wichtige Wörter/Schlüsselwörter** farbig. Anschließend gliedere ich den Text in **Sinnabschnitte**, z. B., indem ich ein Absatzzeichen setze.

zu 5.: Ich fasse die Informationen, die der Text gibt, **absatzweise in Stichworten** oder **mit wenigen Sätzen zusammen.** Wenn ich jedem Absatz eine **Zwischenüberschrift** gebe, dann ist das eine besonders knappe Zusammenfassung. Wichtig ist, dass ich **mit meinen eigenen Worten** zusammenfasse, denn nur wenn dies gelingt, habe ich den Text gut verstanden.

Textknacker für Sachtexte

Seite 4

1 a *Mögliche Unterstreichungen in Überschrift und Zwischenüberschriften:*
Aufgepasst: Tiefliegende Stoffbälle! – Trendsport Crossboccia: In Kürze erklärt – Crossboccia-WM in Duisburg

b Das Foto zeigt einen weichen, bunten Stoffball.

c *Das könntest du notiert haben:*
Es geht in diesem Text um Crossboccia, das mit Stoffbällen gespielt wird. Der Trendsport wird erklärt und es wird über eine Weltmeisterschaft berichtet.

2 Vielleicht hast du in den Medien schon einmal etwas über Crossboccia erfahren. Vielleicht kennst du diese Sportart aber auch schon, denn sie ist sehr beliebt und verbreitet sich schnell.

3 *Die Fragen hängen davon ab, was dich persönlich an diesem Thema interessiert. Einige dieser Fragen könntest du zum Beispiel aufgeschrieben haben:*

Was ist Crossboccia? Was benötigt man, um es zu spielen? Was macht Crossboccia so interessant?
Wer spielt es bevorzugt? Wer hat es erfunden? Wer gewinnt? Wer kann an einem Wettkampf teilnehmen?
Wo spielt man Crossboccia? Wo gibt es Wettkämpfe?
Wie spielt man dieses Spiel? Wie sieht das Spielfeld aus? Wie erfolgt die Wertung? Wie lauten die Regeln?

4 a *Die folgenden Wörter könnten dir unbekannt sein:*
Boule (Z. 1) – Boccia (Z. 1) – trendige (Z. 2) – 3 D (Z. 2) – Crossboccia (Z. 3) – rasant (Z. 5) – urbanen Umfeld (Z. 10) – Enthusiasmus (Z. 17) – Equipment (Z. 21) – Ummantelungen (Z. 27) – über Bande zu spielen (Z. 31) – „Marker“ (Z. 35) – „Draw“ (Z. 42) – „Kill“ (Z. 44) – „Combos“ (Z. 46) – Kreativität (Z. 74) – Kontrahenten (Z. 76 f.) – Flexibilität (Z. 80) – Granulatsäckchen (Z. 82)

b *Zu den folgenden Fragen von Aufgabe 3 findest du Informationen im Text.*
Was ist Crossboccia? Was benötigt man, um es zu spielen? Was macht Crossboccia so interessant?
Wer spielt es bevorzugt? Wer hat es erfunden? Wer gewinnt?
Wo spielt man Crossboccia?
Wie spielt man dieses Spiel? Wie sieht das Spielfeld aus? Wie erfolgt die Wertung?
Welche Regeln gibt es?

Nicht beantwortet werden die Fragen:
Welche Wettkämpfe gibt es?
Wer kann an einem Wettkampf teilnehmen?
Warum findet die WM in Duisburg statt?
Wann hat die WM in Duisburg stattgefunden? – Wann wurde Crossboccia erfunden?

c *Diese Fragen beantwortet der Text:*
Wie viele Anhänger hat Crossboccia?
Wie viele Personen müssen mindestens mitspielen?
Was ist das Besondere an den Bällen?

5 Aus der Überschrift kann ich entnehmen, **worum es im Text geht.**
Falls es Bilder/Fotos gibt, geben sie mir weitere **Informationen** zu diesem Thema.
Bevor ich den Text lese, überlege ich, ~~wer den Text geschrieben hat~~/welche Fragen ich zum Thema habe.
Danach werde ich den Text zügig durchlesen/~~meine Fragen selbst beantworten.~~

Seite 6

Textknacker: Mit schwierigen Wörtern umgehen – 3 Methoden

1 a **Boccia:** Wurfspiel mit Kugeln – Methode 2
Enthusiasmus: Begeisterung – Methode 3
Draw: mehrere Bälle auf gleicher Höhe – Methode 2
Combos: Ballkombination – Methode 2
Kontrahenten: Gegenspieler – Methode 3
Flexibilität: Anpassungsfähigkeit – Methode 1

b **Boule:** Wurfspiel mit Kugeln – Methode 2; **trendige:** gerade sehr beliebt, modern – Methode 1; **Cross**boccia: „cross" (engl.) bedeutet hier: querfeldein – Methode 2; **rasant:** sehr schnell – Methode 1; **urbanen Umfeld:** in der Stadt – Methode 3; **Equipment:** Ausrüstung – Methode 2; **Ummantelungen:** Außenhäute, Umhüllungen – Methode 2; **über Bande zu spielen:** kommt aus dem Billardspiel, man spielt die Kugel gezielt an die Umrandung eines Billardtisches, von wo sie dann zurückgestoßen wird, gemeint ist ein indirektes Anspiel – Methode 3; **Marker:** Zielkugel – Methode 2; **Kill:** Bälle liegen ganz oder teilweise aufeinander und zählen null Punkte – Methode 2; **Kreativität:** Problemlösungsfähigkeit, Gestaltungsfreiheit – Methode 1; **Granulatsäckchen:** ein mit kleinen Kunststoffkörnern gefülltes Säckchen – Methode 1

Textknacker: Den Text in Sinnabschnitte gliedern

2 a **Sinnabschnitt 1:** Zeile 1–18 → Gründe für die Beliebtheit von „Crossboccia"

Sinnabschnitt 2: Zeile 19–35 → Das Spielmaterial

Sinnabschnitt 3: Zeile 36–56 → Die Regeln des Spiels

Sinnabschnitt 4: Zeile 57–85 → Eindrücke von einem Wettkampf

3 Schwierige Wörter muss ich ~~immer~~/~~nie~~/manchmal nachschlagen. Einige schwierigen Wörter kann ich ~~durch ihre Position im Satz~~/durch den Textzusammenhang/~~durch ihre Schreibweise~~ entschlüsseln.
Mit Sinnabschnitten kann man einen Text ~~entwirren~~/übersichtlich gliedern.

Seite 7

Textknacker: Informationen übersichtlich festhalten

1 *Wichtige Gesichtspunkte in jedem Sinnabschnitt:*

Gründe für die Beliebtheit von „Crossboccia"
Das Spielmaterial
Die Regeln des Spiels
Eindrücke von einem Wettkampf

2 *Diese Schlüsselwörter solltest du unterstrichen haben:*

Sinnabschnitt 1: jeden beliebigen Ort zum Spielfeld (Z. 7) – mindestens zwei Personen (Z. 8 f.) – überall ausgeführt (Z. 9) – Freiheit der Gestaltung (Z. 13) – bewegt (Z. 14) – Jung und Alt (Z. 18)

Sinnabschnitt 2: drei mit Kunststoffkörnern gefüllte Bälle (Z. 24) – kleine weiße Kugel (Z. 34)

Sinnabschnitt 3: zuerst ... weiße Kugel (Z. 36) – drei Bälle so nah wie möglich (Z. 48) – näher am Schweinchen ... einen Punkt (Z. 40 f.) – mehrere Bälle gleichauf ... „Draw" ... einen Punkt (Z. 41–43) – teilweise aufeinanderliegen ... „Kill" ... nicht gewertet (Z. 44 f.) – „Combos" ... zwei der Bälle berühren ... drei Punkte (Z. 46–49) – drei der Bälle berühren ... näher zum Schweinchen ... sechs Punkte (Z. 50–52) – als Erstes 13 Punkte (Z. 52) – Vorsprung zum nächsten Spiel (Z. 53 f.)

Sinnabschnitt 4: Weltmeisterschaft im Landschaftspark Duisburg-Nord (Z. 59 f.) – 100 Crossboccia-Spieler (Z. 64 f.) – sportlichen Herausforderung (Z. 74) – fair (Z. 76) – Punktsieg für Beelows Team (Z. 84 f.)

3

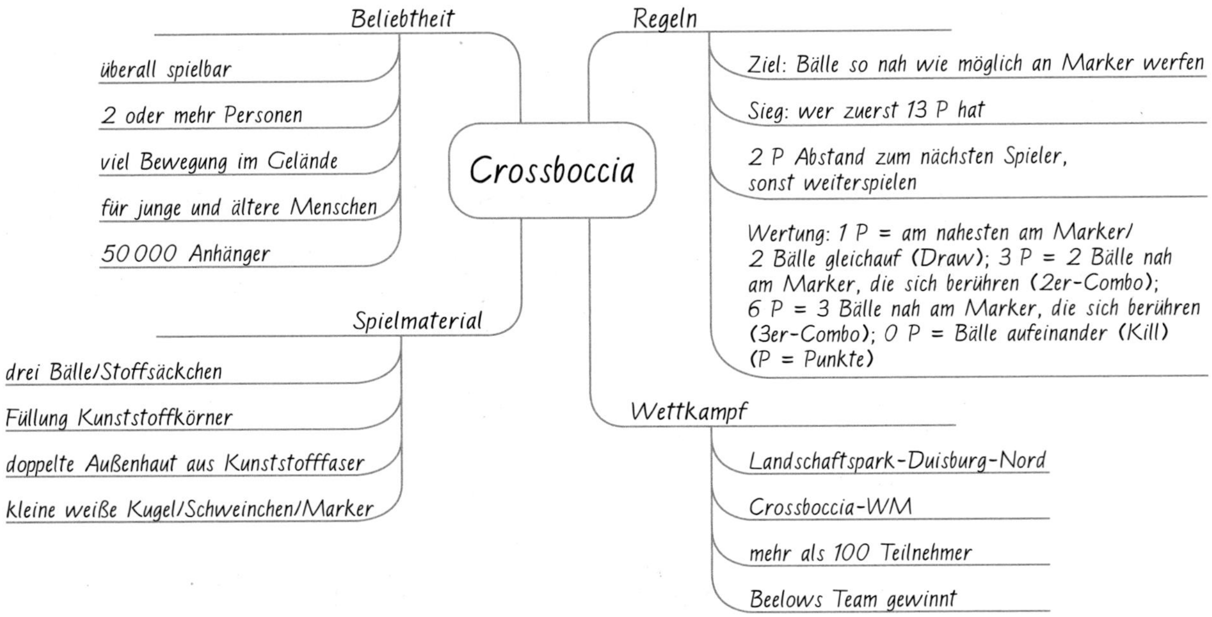

4

1. **Schritt:** Ich lege für jeden Sinnabschnitt **wichtige Gesichtspunkte** oder meine Fragen fest.
2. **Schritt:** Ich markiere im Text die **Schlüsselwörter** dazu.
3. **Schritt:** Ich stelle die Informationen übersichtlich geordnet dar, z. B. in einer **Mind-Map.**

Seite 8

Einen Sachtext zusammenfassen

1 a + b *So könntest du den Sachtext zusammengefasst haben:*

(Einleitung) In dem Sachtext „Aufgepasst: Tieffliegende Stoffbälle!“ von Thomas Reuter, veröffentlicht in einem Sportblog mit dem Namen „meerbuschsportblog“ (aufgerufen am 10.12.2013), geht es um die neue Trendsportart Crossboccia.

(Hauptteil) Crossboccia ist sehr beliebt, weil es ohne großen Aufwand überall gespielt werden kann. Gespielt wird mit weichen Bällen, die haltbar und wasserfest sind. Jeder Spieler bekommt drei Wurfbälle. Ziel ist es, mit diesen Bällen so nah wie möglich an den Marker heranzukommen, eine kleine weiße Kugel, die zuerst geworfen wird. Es gibt verschiedene Kombinationswürfe, mit denen man Zusatzpunkte sammeln kann. Sieger ist, wer zuerst 13 Punkte und 2 Punkte Vorsprung vor dem nächsten Mitspieler hat. In Duisburg gab es bereits eine Crossboccia-Weltmeisterschaft im Landschaftspark Duisburg-Nord, die das Team um Timo Beelow, Miterfinder des Spiels, gewonnen hat.

Seite 9

Begleiter des Textes verstehen: Schaubilder, Fotos, Grafiken

1 a Richtig ist Antwort C.

b Das Schaubild veranschaulicht die Informationen, die im Text in den Zeilen 23 bis 29 gegeben werden.

2 a *Mögliche Antworten:*

Die Abbildungen zeigen, dass ...
1. die Außenhaut eines Balles aus zwei Lagen besteht.
2. der Ball wasserfest ist.
3. der Ball auf dem Wasser springen/hüpfen/aufschlagen kann. *Oder:* der Ball im Wasser nicht untergeht.
4. der Ball beschriftet werden kann.

b *Mögliche Antworten:*

Dass der Ball **eine Außenhaut aus zwei Lagen hat,** erklärt der Text in den Zeilen 26 bis 29.
Dass der Ball **über Wasserflächen springen kann,** erklärt der Text in den Zeilen 31 bis 33.

Seite 10

3 a Die Grafik zeigt Information B.

b *Mögliche Antwort:*
Die Grafik informiert darüber, dass man auf Treppen und über die Bande/gegen Hindernisse spielen kann.

4 a *Mögliche Antwort:*
Die Grafik gibt im Bild wieder, wie die Punkte beim Crossboccia gezählt werden. Der Text informiert in Zeile 11 und Zeile 31 darüber.

b Die Informationen, die die Grafik zeigt, werden im Text in den Zeilen **39** bis **45** erklärt.

c Der Spielstand beträgt zwei Punkte für den Spieler mit den grünen Bällen. Punkte bekommt nur, wer mit mindestens einem Ball am nächsten am Marker liegt.

Einen erzählenden Text untersuchen

Seite 11

1 *Mögliche Vermutung über den Inhalt der Kalendergeschichte:*
In der Kalendergeschichte geht es um einen Mann (Herrn Balaban), der in einen Brunnen fällt. Aber es muss noch etwas anderes geschehen, denn darüber allein würde man wohl keine Geschichte schreiben.

3 a *Möglicher erster Leseeindruck:*
Die Kalendergeschichte ist sehr dicht erzählt, darum muss man beim Lesen aufpassen, um sie zu verstehen. Sie endet mit einer überraschenden Wendung.

b Die Aussage D trifft zu, die Aussagen A, B, C, E und F treffen nicht zu.

Seite 12

Die Handlung erschließen

1 Wo und wann die Geschichte spielt, ist nicht genau festgelegt: Erwähnt werden nur die Fußgängerzone und ein Kaffeehaus in einer nicht näher genannten Stadt und die Zeit ist irgendein beliebiger Tag.

2 Die beiden Hauptfiguren sind Herr Balaban und ein Bekannter.

3 a + b *Mögliche Zusammenfassung der Handlungsschritte mit eigenen Worten:*

1. Herr Balaban geht gedankenverloren durch eine Fußgängerzone und fällt fast in einen Brunnen.
2. Ein Bekannter rettet ihn, erzählt das herum und erinnert Herrn Balaban wiederholt an sein Missgeschick.
3. Herr Balaban geht wieder einmal in die Stadt und will dem Bekannten ausweichen.
4. Der Bekannte ruft, er solle doch nicht weglaufen.
5. Herr Balaban springt absichtlich in den Brunnen.

Seite 13

Die Figuren untersuchen

1 a Wörtliche Rede findet sich in den Zeilen 10–13, 20–22 und 25–28.

b *Mögliche Antwort:*
1. Der Bekannte spricht Herrn Balaban bei jeder Begegnung an. Er redet laut.
2. Einmal ruft der Bekannte hinter Herrn Balaban her, als dieser versucht, ihm zu entkommen.
3. Herr Balaban schreit, als er im Brunnen liegt.

c Wenn Herr Balaban und sein Bekannter sich treffen, verläuft die Unterhaltung ~~lebhaft~~/einseitig/~~freundschaftlich.~~

2
A	Zeile 6	Der Bekannte greift ohne Zögern ein.
B	Zeile 9–13	Er belästigt Herrn Balaban mit immer derselben Bemerkung.
C	Zeile 20–22	Er lässt Herrn Balaban auch dann nicht in Ruhe, als dieser ihm entkommen will.

3 a Herrn Balabans Gefühle werden deutlich in den Zeilen 16–19 und in den Zeilen 23–28.

b *Mögliche stichwortartige Beschreibung der Gefühle von Herrn Balaban:*
1. Gedankenblase: fühlt sich belästigt/bedrängt
2. Gedankenblase: Wut, Zorn, Ärger, Überdruss, will von dem aufdringlichen Bekannten erlöst werden

4 *Mögliche Erklärung:*

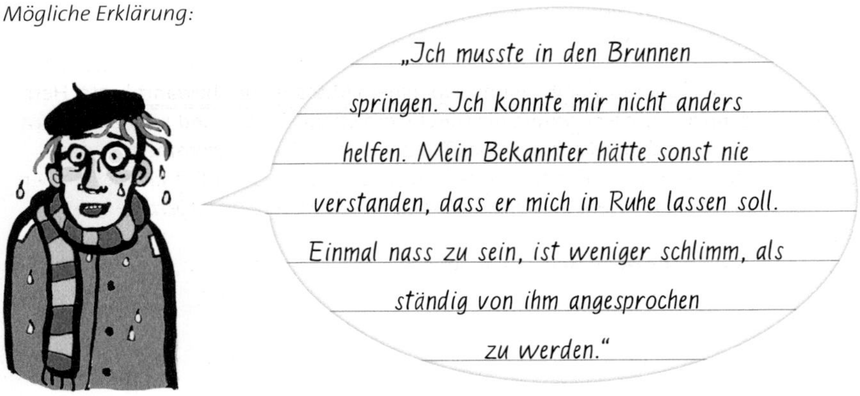

Seite 14

Die Lehre erkennen und erklären

1 a *Mögliche Fortsetzung der Beschreibung der Pointe:*
(...) Herr Balaban versucht schließlich, dem Bekannten für immer zu entkommen, indem er absichtlich in den Brunnen springt, sodass der Bekannte nicht mehr behaupten kann, er sei sein Retter.

b (...) Vor allem darf man dem Menschen, dem geholfen wurde, nicht ständig sein früheres Missgeschick vor Augen führen.

Eine Inhaltsangabe schreiben

1 Vollständig ist der Einleitungssatz C, nicht vollständig sind A und B.

Seite 15

2 b Miras Text wirkt abgehackt und unzusammenhängend.

c Du solltest passende Satzverknüpfungen und Satzanfänge verwenden, damit dein Text flüssiger wird.

d *Mögliche Verbesserung:*
Als Herr Balaban in der Fußgängerzone spazieren geht, stolpert er über einen Brunnenrand, **aber** ein Bekannter fängt ihn auf, **damit** Herr Balaban nicht in den Brunnen fällt. **Anschließend** geht der Bekannte ins Kaffeehaus und erzählt jedem von Herrn Balabans Missgeschick.

3 b Calvins Text ist sehr umgangssprachlich verfasst und enthält zu viele ausschmückende Formulierungen.

c *Mögliche Verbesserung:*
Als Herr Balaban ~~wieder mal~~ an einem späteren Tag durch die Fußgängerzone geht, kommt ~~auch~~ der Bekannte ~~schon wieder an.~~ wieder einmal auf ihn zu. Aber Herr Balaban versucht ~~wenig geschickt,~~ ihm aus dem Weg zu gehen. Der Bekannte ~~ist ein bisschen sauer und~~ ermahnt Herrn Balaban, ~~Der soll doch gefälligst auf ihn zukommen, schließlich ist er doch sein Schutzengel.~~ er sei doch sein Schutzengel.

Seite 16

4 *Mögliche Zusammenfassung ohne wörtliche Rede:*
Der Bekannte fordert Herrn Balaban auf stehenzubleiben. Er erinnert Herrn Balaban daran, dass er sein Schutzengel sei. Daraufhin springt Herr Balaban in den Brunnen. Er schreit wütend, dass er jetzt genauso nass sei, wie er es gewesen wäre, wenn der Bekannte ihn damals nicht aufgefangen hätte.

5 b Mira hat den Schluss der Kalendergeschichte ~~mit eigenen Worten~~/nicht mit eigenen Worten zusammengefasst.

c *Mögliche Zusammenfassung mit eigenen Worten:*
Am Schluss springt Herr Balaban in den Brunnen und taucht völlig unter. Er schreit wütend, dass er jetzt genauso nass sei, wie er es gewesen wäre, wenn der Bekannte ihn damals nicht aufgefangen hätte. Der Bekannte soll ihn nie wieder ansprechen.

Seite 17

Eine Inhaltsangabe überarbeiten

1 a Zu überarbeiten ist die Einleitung (Titel und Name des Autors fehlen) sowie das Tempus/die Zeitform (Präsens + Perfekt statt Präteritum + Plusquamperfekt). Im Hauptteil der Inhaltsangabe muss die Reihenfolge in der Zusammenfassung des Inhalts verändert werden außerdem sind im Hauptteil Verknüpfungen zu ergänzen:

Die Kalendergeschichte zeigt, wie freundliche Hilfsbereitschaft in Aufdringlichkeit umschlagen kann. Gezeigt wird dies am Beispiel des Herrn Balaban, der vor einem unangenehmen Sturz gerettet wurde.
In einer nicht näher genannten Stadt ging die Hauptfigur der Kalendergeschichte, Herr Balaban, eines Tages in der Fußgängerzone spazieren. Er traf dabei häufig einen Bekannten, der ihn einmal vor einem Missgeschick bewahrt hatte. Herr Balaban war gestolpert und der Bekannte fing ihn auf. Dieser erzählte die Geschichte überall herum und erinnerte Herrn Balaban bei jeder Begegnung daran. Herr Balaban sah den Bekannten eines Tages wieder auf sich zukommen. Er ahnte schon, dass dieser ihn wieder an sein Missgeschick erinnern würde. Herr Balaban sprang jetzt absichtlich in den Brunnen und tauchte unter. Er schrie dabei laut, dass ihn niemand mehr an seine Rettung erinnern müsse, denn jetzt liege er ja endlich doch im Brunnen und sei nass.
Der Leser soll aus der Kalendergeschichte etwas lernen: Wenn man jemandem geholfen hat, dann soll man sich nicht selbst dafür loben. Und einen Menschen immer aufs Neue an ein Missgeschick zu erinnern, wird von diesem als sehr aufdringlich empfunden.

b Setze den Hauptteil ins Präsens (bei Vorzeitigkeit ins Perfekt) und ändere an einer Stelle die Reihenfolge: Erst rettet der Bekannte Herrn Balaban, dann trifft er ihn häufiger in der Stadt.

Verbesserung (Ergänzungen Einleitung, Verben im Präsens, umgestellter Teil, *Verknüpfungen):*

Die Kalendergeschichte „Herr Balaban fällt in den Brunnen" von Martin Auer zeigt, wie freundliche Hilfsbereitschaft in Aufdringlichkeit umschlagen kann. Gezeigt wird dies am Beispiel des Herrn Balaban, der vor einem unangenehmen Sturz gerettet wurde.
In einer nicht näher genannten Stadt geht die Hauptfigur der Kalendergeschichte, Herr Balaban, eines Tages in der Fußgängerzone spazieren. *Einmal* stolpert Herr Balaban und fällt fast in einen neu gebauten Brunnen, doch ein Bekannter fängt ihn auf. *Anschließend* aber erzählt dieser die Geschichte überall herum und erinnert Herrn Balaban bei jeder Begegnung daran. *Als* Herr Balaban den Bekannten eines Tages wieder auf sich zukommen sieht, ahnt er schon, dass dieser ihn wieder an sein Ungeschick erinnern wird. *Darum* springt Herr Balaban jetzt absichtlich in den Brunnen und taucht unter. Er schreit dabei laut, dass ihn niemand mehr an seine Rettung erinnern müsse, denn jetzt liege er ja endlich doch im Brunnen und sei nass.

Texte schreiben

Seite 18

Fragebogen: Was hilft mir beim Planen eines Textes?

1 *Das solltest du geantwortet haben:*

zu 1.: Berichte für die Sommerausgabe der Schülerzeitung über den letzten Streich der Abiturienten an eurer Schule. („Berichte" = Textart Bericht/informierender Text, „Schülerzeitung" = Adressaten sind Mitschüler/-innen, Lehrer/-innen und Eltern, „Streich der Abiturienten" = Thema)

zu 2.: A Thema – B Ort der Veröffentlichung – C Art des Textes – D Adressaten/Leser

zu 3.:

Art des Textes	Ich soll ...	Ich sammle dafür ...
Bericht	einen Standpunkt überzeugend vertreten.	Meinung, Argument(e), Beispiel(e).
Stellungnahme	über das Aussehen eines Menschen informieren.	wichtige W-Fragen und Informationen.
Personenbeschreibung	genau über ein Geschehen informieren.	sichtbare Einzelheiten.

zu 4.:

Schmierzettel *Cluster* *Mind-Map* *Tabelle*

zu 5.: Um **Informationen/Ideen** zu **sammeln,** eignen sich Cluster oder Schmierzettel.
Willst du **Informationen ordnen/gliedern,** verwendest du besser eine Mind-Map oder eine Tabelle.

Sachlich schreiben: Über ein Ereignis berichten

Seite 20

Planen: Informationen sammeln und ordnen

2 *Mögliche Fragen:*

3 Was? Wann? Wo? Wer? – Wie? Warum? – Welche Folgen?:

Samstag, 11. Mai, Start: 12:00 Uhr

Gemeinsam wollen wir am Samstag in 30 Bahnhöfen der Republik einen Tanz-Flashmob veranstalten. In diesem Jahr ist erstmals auch Dortmund dabei. Eine Stunde vor Beginn, also um 11:00 Uhr, treffen sich einige Dortmunder zum Üben auf dem Bahnhofsvorplatz. Die Tanzschritte findet ihr aber auch im Videoportal. Gemeinsam wollen wir zeigen, dass Tanzen amstag, 11. Mai, Start: 12:00 Uhr, 11. Mai, Start: 12:00 Uhrerbindet. Menschen aller Altersgruppen und unterschiedlicher Herkunft werden dieses große Ereignis gemeinsam gestalten und erleben. Have fun!

Bitte beachten – die Grundregeln:
- Die anreisenden Tänzerinnen und Tänzer bleiben bis zum Start unerkannt.
- Wir starten gemeinsam um Punkt 12:00 Uhr mit dem Einsetzen der Musik.
- Der Tanz wird etwa drei Minuten dauern.
- Kleidung: Jeans, ein schwarzes T-Shirt und eine Sonnenbrille.
- Wir hinterlassen keinen Müll und verhalten uns rücksichtsvoll, Werbung ist nicht erlaubt.

Weitere Infos unter: www.dancedortmund.de

HiphopMax 11. Mai um 16:35 Uhr

Erst war alles ganz still, wir standen dann ganz locker in der Bahnhofshalle rum. Als die Musik losging, bekam ich Gänsehaut. Sofort ging es voll ab! Mindestens 150 Menschen haben am Dortmunder Bahnhof mitgetanzt. Toll war, dass Menschen in jedem Alter dabei waren, die meisten waren aber schon Jugendliche.

EmiliaB 11. Mai um 17:18 Uhr

Der ganze Bahnhof war in Bewegung. Wir waren zu viert und mussten aufpassen, dass wir uns nicht verlieren. Nach etwa drei Minuten war dann plötzlich alles wieder vorbei. Nächstes Jahr bin ich wieder dabei! Der Liedermix war außerdem voll genial: klassische und elektronische Musik vereint.

Maria44369 11. Mai um 18:45 Uhr

Ich war heute zufällig am Hauptbahnhof. Um ehrlich zu sein, hat mir dieses Chaos überhaupt nicht gefallen. Meine Kinder (3 und 5 Jahre) hatten zu Beginn des Flashmobs große Angst. Eine solche Veranstaltung muss man doch vorher ankündigen! Ich bin stocksauer auf die Stadtverwaltung, dass sie so etwas zulässt.

Einen Schreibplan anlegen

4 *Möglicher Schreibplan:*

Einleitung:	
Was geschah?	Tanz-Flashmob
Wann geschah es?	Samstag, 11. Mai, 12:00 Uhr, 11:00 Uhr Treffen, etwa 3 Minuten lang
Wo geschah es?	in 30 Bahnhöfen der Republik, Dortmund, Üben auf dem Bahnhofsvorplatz
Wer war beteiligt?	150 Menschen jedes Alters, vorwiegend Jugendliche
Hauptteil:	
Wie genau geschah es?	Tanzschritte im Videoportal, Grundregeln, Tänzer/-innen bis zum Start unerkannt, klassische und elektronische Musik, Kleidung: Jeans/schwarzes T-Shirt/Sonnenbrille, Infos im Internet, Werbung nicht erlaubt
Warum kam es dazu?	Tanzen verbindet, gemeinsam gestalten und erleben
Schluss:	
Welche Folgen hat das Ereignis?	keinen Müll hinterlassen, nächstes Jahr wieder dabei sein, einige Passanten hatten Angst

Seite 21

Schreiben: Den Bericht sprachlich gestalten

1 b Gut gelungen ist Ben Punkt A. – Überarbeitet werden müssen die Punkte B, C, D und E.

c Am 11. Mai ~~war es endlich so weit.~~ In einigen großen Bahnhöfen in ganz Deutschland fand der ~~lang ersehnte~~ Tanz-Flashmob statt. ~~Vermutlich waren in ganz Deutschland insgesamt 1000 Menschen daran beteiligt.~~ Der Tanz-Flashmob begann pünktlich um 12:00 Uhr in den Bahnhöfen in Deutschland. Auch am Hauptbahnhof in Dortmund traf sich eine große Gruppe ~~total aufgeregter und fröhlicher~~ Menschen jedes Alters ~~und aus vielen Orten.~~

d *Mögliche Einleitung:*

> Am 11.5. gab es in 30 deutschen Bahnhöfen einen überraschenden Tanz-Flashmob, so auch im Dortmunder Hauptbahnhof. Um 11:00 Uhr trafen sich einige zum Üben der Tanzschritte auf dem Bahnhofsvorplatz. Um genau 12:00 Uhr setzte für drei Minuten Musik in der Bahnhofshalle ein. Gespielt wurde eine Mischung aus klassischer und elektronischer Musik. Es nahmen etwa 150 Menschen an der Veranstaltung teil, die meisten waren Jugendliche.

Seite 22

2 b Gelungen sind Ben die Punkte A, C und D, aber Punkt B ist nicht gelungen.

c *Möglicher Tipp für Ben:*
Lieber Ben, dein Text enthält zu wenige genaue Informationen. Wende die Erweiterungsprobe an, um genauer zu schreiben.

3 a + b Die Menschen versammelten sich (1) in der Eingangshalle des Dortmunder Hauptbahnhofs und warteten auf das Startsignal. Die meisten beachteten die Kleiderordnung, sie trugen Jeans, (2) schwarze T-Shirts und eine Sonnenbrille. Um 12:00 Uhr setzte (3) laute Musik ein. Wie es die Flashmobber vorher im Internet verabredet hatten, startete die Gruppe (4) gleichzeitig (5) nach vorher einstudierten Tanzschritten mit dem Tanz. Umherstehende konnten das Spektakel (6) genau drei Minuten lang beobachten, ehe die Musik (7) plötzlich wieder aufhörte und damit auch der Tanz endete.

Seite 23

4 Präteritum/~~Plusquamperfekt~~ – ~~Präteritum~~/Plusquamperfekt

5 *Mögliche Sätze:*

obere Bildfolge: Nachdem alle Teilnehmer sich in der Bahnhofshalle aufgestellt hatten, begannen sie um Punkt 12:00 Uhr mit dem Einsetzen der Musik zu tanzen.
Um 12:00 Uhr waren alle Teilnehmer des Flashmobs in der Bahnhofshalle zusammengekommen und mit Einsetzen der Musik begannen sie zu tanzen.

untere Bildfolge: Sobald die Musik nach drei Minuten gestoppt hatte, war der Tanz-Flashmob zu Ende.
Als nach fünf Minuten der Flashmob geendet hatte, verließen die meisten Menschen den Bahnhof und nur einige unterhielten sich noch.

6 gelang – eingeübt hatte – konnten – bewegten – aufgehört hatte – endete

Seite 24

7 a + b + c *Mögliche Satzverbindungen und mögliche Satzverknüpfungen:*

B Nachdem viele Menschen mit dem Zug oder mit öffentlichen Verkehrsmitteln angereist waren, versammelten sich in der Bahnhofshalle ungefähr 150 Tanzwillige. (Zeitformen: Plusquamperfekt, Präteritum)
Oder: Anschließend versammelten sich ungefähr 150 Tanzwillige in der Bahnhofshalle, die zuvor mit dem Zug oder mit öffentlichen Verkehrsmitteln angereist waren. (Zeitformen: Präteritum, Plusquamperfekt)

C Kurz darauf setzte die Musik ein, woraufhin die Anwesenden zu tanzen begannen. (Zeitformen: Präteritum, Präteritum)
Oder: Nachdem um Punkt 12:00 Uhr die Musik eingesetzt hatte, begannen die Anwesenden zu tanzen. (Zeitformen: Plusquamperfekt, Präteritum)

D Zum Schluss, nachdem die Musik aufgehört hatte, räumten die Beteiligten gemeinsam auf und machten sich auf den Weg nach Hause. (Zeitformen: Plusquamperfekt, Präteritum)

Seite 25

8 *Mögliche „dass"-Sätze:*
B Max ergänzt, dass Menschen jedes Alters teilnahmen, die meisten aber Jugendliche waren.
C Emilia hebt hervor, dass ihr die Mischung aus klassischer und elektronischer Musik sehr gut gefiel.
D Maria macht darauf aufmerksam, dass ihre Kinder am Anfang des Flashmobs Angst bekamen.

9 b Ben, du solltest ~~ein persönliches Urteil einarbeiten/weniger Rechtschreibfehler machen~~/flüssiger schreiben, indem du die Hauptsätze verknüpfst und treffende Verbindungswörter verwendest.

c *Mögliche Überarbeitung und Verbesserung:*
Der Flashmob hatte viele positive Folgen, weil die meisten Menschen glücklich waren. Die Tänzer hatten gemeinsam etwas erlebt und die Zuschauer hatten etwas Schönes beobachtet. Die Teilnehmer räumten den Müll weg, sodass der Bahnhof am Schluss wieder blitzblank war.

10 Überschrift C ist knapp, sachlich und informativ.

Seite 26

Einen Bericht verfassen und überarbeiten

1 *Mögliche Lösung:*

2 Tanz-Flashmob in Dortmund

(Einleitung) Am 11.5. gab es in 30 deutschen Bahnhöfen einen überraschenden Tanz-Flashmob, so auch im Dortmunder Hauptbahnhof. Um 11:00 Uhr trafen sich einige zum Üben der Tanzschritte auf dem Bahnhofsvorplatz, denn um genau 12:00 Uhr war das Einsetzen der Musik in der Bahnhofshalle geplant. Es kamen etwa 150 Menschen zu dieser Veranstaltung.

(Hauptteil) Nachdem die Menschen sich kurz vor 12.00 Uhr in der Wartehalle des Dortmunder Hauptbahnhofs versammelt hatten, warteten sie auf das Startsignal. Die meisten hatten die Kleiderordnung beachtet, sie trugen Jeans, schwarze T-Shirts und eine Sonnenbrille. Die Regeln hatten Werbung verboten und daran hatten sich auch alle gehalten. Um Punkt 12:00 Uhr setzte laute Musik ein, eine Mischung aus klassischen und elektronischen Stücken. Wie es die Flashmobber vorher im Internet verabredet hatten, startete die Gruppe gleichzeitig nach vorher einstudierten Tanzschritten mit dem Tanz. Anschließend konnten Umherstehende das Spektakel genau drei Minuten lang beobachten, ehe die Musik plötzlich wieder aufhörte und damit auch der Tanz endete. Später berichtete Max, ein Teilnehmer des Flashmobs, im Internet, dass Menschen in jedem Alter da waren, die meisten aber schon Jugendliche waren. Es gab allerdings auch kritische Stimmen. Maria, eine Mutter, die ebenfalls vor Ort war, erklärte, dass ihre Kinder am Anfang des Flashmobs Angst bekamen.

(Schluss) Der Tanz-Flashmob hatte insgesamt vorwiegend positive Folgen, weil die meisten Menschen glücklich waren. Die Tänzer hatten gemeinsam etwas erlebt und die Zuschauer hatten etwas Schönes beobachtet. Die Teilnehmer räumten schließlich gemeinsam den Müll weg, sodass der Bahnhof am Schluss wieder blitzblank war.

Eine Person beschreiben: Manhua-Figuren

Seite 27

Planen: Informationen sammeln und ordnen

1 *Möglicher erster Eindruck:*

Bo wirkt gelassen, er steht locker und entspannt und schaut den Betrachter offen an.

2 *Mögliche Lösung:*

Geschlecht: Bo ist ein Mann.
Alter: Er ist zwischen 16 und 18 Jahre alt.
Größe: Er ist ca. 1,80 Meter groß.
Nationalität: Bo ist eine chinesische Manhua-Figur.
Figur: Er ist schlank.

Seite 28

Schreiben: Die Beschreibung sprachlich gestalten

1 Bo ist ein schlanker Mann, der ungefähr 16 bis 18 Jahre alt und etwa 1,80 Meter groß ist. Es handelt sich bei Bo um eine chinesische Manhua-Figur.

2 a *Diese Adjektive könntest du markiert haben:*

Frisur/Haare: mittellang, wellig, dunkelbraun
Gesichtsform: schmal, oval
Augenbrauen: buschig, geschwungen
Augen: groß, mandelförmig
Blick: freundlich, offen
Nase: schmal, gerade
Mund: schmale Lippen, breit
Kinn: kantig

b *Mögliche Lösung (du musst nicht alle denkbaren Adjektive verwenden, wähle die wichtigsten aus):*

Bos **mittellange, dunkelbraune** Haare stehen vom Kopf ab. Das Gesicht zeigt eine **ovale** Form. Unter den **buschigen, geschwungenen** Augenbrauen blicken **seine großen, mandelförmigen** Augen **freundlich** hervor. Seine Nase erscheint **schmal und gerade.** Bo hat **schmale** Lippen und einen **breiten** Mund. Das Kinn wirkt **kantig.**

Seite 29

3 a Verwendet wurden ausschließlich die Verben „haben“ und „sein“. Das wirkt eintönig und ist ungenau.

b Passende Verbindungen sind: A + d – B + g – C + a – D + e – E + f – F + c – G + b

3c + 4
A 1 Bo kleidet sich insgesamt auffällig dunkel.
B 6 Seine Füße stecken in braunen Stiefeln.
C 5 Die Hose sitzt locker an den Beinen.
D 3 Ein bunter Aufnäher schmückt die Jacke.
E 2 Bo trägt eine grüne Jacke, ein helles, beigefarbenes Sweatshirt und eine dunkelblaue Jeans.
F 7 Als Schmuck trägt Bo eine große silberfarbene Sportuhr um den Arm.
G 4 Die Kapuze des Sweatshirts liegt über dem Jackenkragen.

5 Passend ist die Beschreibung C.

Seite 30

Eine Personenbeschreibung verfassen und überarbeiten

1 *Mögliche Beschreibung:*

2 *(Einleitung)* Bo ist ein schlanker Mann, der ungefähr 16 bis 18 Jahre alt und etwa 1,80 Meter groß ist. Es handelt sich bei Bo um eine chinesische Manhua-Figur.

(Hauptteil) Bos mittellange, dunkelbraune Haare stehen vom Kopf ab. Das Gesicht zeigt eine ovale Form. Unter den buschigen, geschwungenen Augenbrauen blicken seine großen, mandelförmigen Augen freundlich hervor. Seine Nase erscheint schmal und gerade. Bo verfügt über schmale Lippen und einen breiten Mund. Das Kinn wirkt kantig.
Ben kleidet sich auffällig dunkel. Er trägt eine grüne Jacke, einen weißen Pullover und eine dunkelblaue Jeans. Ein bunter Aufnäher schmückt die Jacke. Die Kapuze des Sweatshirts liegt über dem Jackenkragen. Bos Hose sitzt locker an den Beinen. Seine Füße stecken in braunen Stiefeln. Als Schmuck trägt Bo eine große silberfarbene Sportuhr um den Arm.

(Schluss) Bo wirkt insgesamt eher lässig und ruhig.

Eine Meinung überzeugend begründen

Seite 32

Planen: Informationen sammeln

2 a + b *Mögliche Formulierungen:*

Das Thema: Einführung einer Strafe einschließlich Bußgeld für Schülerinnen und Schüler, die (wiederholt) zu spät zum Unterricht kommen.
Das Thema als Frage: Ist ein Bußgeld als Strafe für Zuspätkommen zum Unterricht in Ordnung?

3 **Meinung,** Argument, Beispiel

Hamfred2000:

In meiner Schule will die Schulkonferenz jetzt mehr Disziplin durchsetzen. Zuspätkommen soll härter bestraft werden. Wer morgens auch nur eine Minute zu spät zum Unterricht erscheint, darf nicht mehr am Unterricht teilnehmen. Stattdessen muss man dann in ein Verspätungszimmer gehen und bekommt einen Brief an die Eltern mit. Das alles könnte ich noch verstehen.
Was ich aber total daneben finde: Wer ein zweites Mal in einem Jahr zu spät kommt, muss dafür und jedes weitere Mal ein Bußgeld zahlen – 80 Euro sind dann fällig. **Ich finde das nicht in Ordnung,** was meint ihr?

PingPong:

Ich bin **zwar der Auffassung, dass es in Ordnung ist, eine Strafe zu bekommen, wenn man ständig den Unterricht verschläft. Aber eine Geldstrafe halte ich für unfair,** weil wir Schüler doch noch gar kein Geld verdienen. Und was ich auch ungerecht finde: Für Jugendliche mit reichen Eltern ist so eine Art von Strafe nicht so schlimm, denn die können sich die Verspätung „leisten“.

Lalilu:

Ich kann eure Aufregung nicht verstehen. **Ich finde die Strafe gut durchdacht und in Ordnung,** da die verspäteten Schüler doch selbst schuld sind. Die sollen sich doch einen Wecker stellen oder früher schlafen gehen. Endlich mal eine Schule, bei der es auch Konsequenzen für diejenigen gibt, die immer verschlafen und die anderen stören.

King:

@PingPong:**Ich bin genau deiner Meinung**. Manchmal kann man gar nichts dafür. Was, wenn ich im Stau stehe? Was, wenn der Wecker wegen eines Stromausfalls ausfällt? **Zudem steht die Strafe nicht im richtigen Verhältnis,** weil schlimmere „Vergehen“ weniger hart bestraft werden. Als meine Mutter neulich zu schnell gefahren ist und geblitzt wurde, musste sie weniger zahlen.

4 a + b

A [-] **Hamfred2000 ist der Meinung, dass** eine Strafe für Zuspätkommen und gar ein Bußgeld nicht in Ordnung sind.
Argument: – *(Hamfred2000 stellt in seinem Beitrag einführend das Problem/Thema vor und stellt seinen Standpunkt dar. Er eröffnet damit eine Diskussion, argumentiert hier aber nicht selbst.)*

B [X] **PingPong äußert die Ansicht, dass** eine Strafe zwar in Ordnung, ein Bußgeld aber unfair ist.
Argument: Die Schüler verdienen gar kein Geld.

C [-] **Lalilu vertritt die Position, dass** eine abgestufte Strafe gut durchdacht und in Ordnung ist.
Argument: Die verspäteten Schüler haben die Strafe durch ihr Verhalten selbst zu verantworten.

D [X] **King ist der Auffassung, dass** die Strafe nicht im richtigen Verhältnis zum „Vergehen" Zuspätkommen steht.
Argument: Schwerwiegendere „Vergehen" werden weniger hart bestraft, als es für Zuspätkommen vorgeschlagen ist.

5 Die Aussagen A und D treffen zu, die Aussagen B, C und E treffen nicht zu.

Seite 33

Informationen ordnen: Eine Argumentationskette aufbauen

1 Johannes ist [ ] für (pro)/[X] gegen (kontra) ein Bußgeld in Höhe von 80 Euro ab dem zweiten verspäteten Eintreffen im Unterricht.

2 Zu verbinden sind A + b, B + c und C + a.

3 a + b
Es steht dir frei, in welcher Reihenfolge du deine Argumente anordnen möchtest. Auch kann es sehr unterschiedlich sein, welches Argument jemand für „besonders überzeugend" hält. Wichtig ist, dass der Aufbau und die sprachliche Ausgestaltung deiner Argumentation insgesamt gelingen, denn dann vertrittst du eine Meinung überzeugend.

Seite 34

Schreiben: Eine Argumentation sprachlich gestalten

1 A + 3 – B + 1 – C + 2

2 *Es steht dir auch hier frei, in welcher Reihenfolge du deine Argumente anordnen möchtest. Auch kann es sehr unterschiedlich sein, welches Argument jemand für „besonders überzeugend" hält.*

3 *Mögliche Argumentationskette mit Verknüpfungen der Beispiele. Es steht dir frei, welches Argument du für Aufgabe 4 b hier ankreuzt.*

Ich möchte meine Meinung noch einmal hervorheben: Schülerinnen und Schüler, die zu spät zu Unterricht kommen, sollten bestraft werden.

Zunächst ist zu bedenken, dass Zuspätkommen die anwesenden Schüler stört. Ich zum Beispiel fühle mich durch die Unruhe in meiner Konzentration beeinträchtigt.

Hinzu kommt, dass jeder, der zu spät kommt, Unterrichtsstoff versäumt, beispielsweise indem er die Wiederholungen am Anfang der Stunde nicht mitbekommt und den Anschluss verpasst.

Besonders wichtig ist, dass Zuspätkommen grundsätzlich unhöflich und respektlos ist. Wenn einen eine Freundin oder ein Freund warten lässt, dann ärgert man sich doch selbst auch.

Seite 35

4 a *Mögliche Gegenargumente/Einwände mit Entkräftung (sprachliche Formulierungshilfen):*

zu A: Sicherlich kann man einwenden, dass jeder lernen muss, sich im Unterricht trotz Unruhe zu konzentrieren. Das stimmt, dennoch habe ich die Erfahrung gemacht, dass gerade das ständige Zuspätkommen zu Beginn einer Stunde viel mehr als die übliche Ablenkung mit sich bringt.

zu B: Nun könnte man einwenden, dass jeder Zuspätkommende den versäumten Unterricht selbst nachholen muss. Dagegen spricht aber, dass die Schule ja sicherstellen soll, dass jede Schülerin/jeder Schüler richtig lernt und dabei sinnvolle Unterstützung bekommt, und eben nicht, dass Schüler durch sinnlose Unruhe die Zeit verschwenden, um sich den Lernstoff dann anschließend selbst anzueignen.

zu C: Obwohl viele denken, dass unverschuldetes Zuspätkommen nichts mit Respektlosigkeit oder Unhöflichkeit zu tun hat, muss man doch berücksichtigen, dass es dennoch klare Regeln gibt, an die man sich halten muss.

Zu Aufgabe 4 b, siehe Lösung zu Aufgabe 3 von Seite 34 im Heft.

5 *Möglicher Schluss (sprachliche Formulierungshilfen):*

Aus den genannten Gründen bin ich der Meinung, dass eine Strafe, gern auch ein Bußgeld, für Zuspätkommen angemessen ist. Ich fände es wirklich gut, wenn infolgedessen bald alle Mitschülerinnen und Mitschüler pünktlich wären, denn dann würden gar keine Strafen mehr nötig sein.

Seite 36

Überarbeiten: Auf Einleitungen und Verknüpfungen achten

1 a *Mögliche Unterstreichungen, es fehlen die Einleitungen und Überleitungen, die eine Argumentation flüssig lesbar und inhaltlich überzeugend machen:*

2 Nein. Meistens kann man gar nichts dafür, dass man zu spät kommt. Mein Schulbus steht oft im Stau. Die Schule hat natürlich die Aufgabe, Schülerinnen und Schüler zu einem respektvollen Umgang miteinander zu erziehen. Pädagogen raten, Ziele durch Verständnis und eigene Einsicht statt durch Strafe zu erreichen. Es sind nicht die Zuspätkommenden, die das Lernen stören. Die Schüler müssen lernen, sich trotzdem zu konzentrieren. Bei uns im Kunstunterricht klappt das, da sind alle ganz versunken. Verständnis würde allen helfen!

b *Mögliche Verbesserung mit Einleitungen und Überleitungen:*

Auf Lalilus Beitrag von 15:26 Uhr möchte ich etwas entgegnen: Ich vertrete die Auffassung, dass die Schule nicht mit Bestrafung auf Verspätungen reagieren sollte.
Ein wichtiges Argument ist, dass man oft nichts dafür kann, dass man zu spät zum Unterricht kommt, unser Schulbus zum Beispiel steckt morgens oft im Stau fest. Hinzu kommt, dass die Schule die Aufgabe hat, Schülerinnen und Schüler zu einem respektvollen Umgang miteinander zu erziehen. In diesem Zusammenhang raten Pädagogen, Ziele durch Verständnis und eigene Einsicht statt durch Strafe zu erreichen. Es sollte zudem nicht übersehen werden, dass nicht die Zuspätkommenden die Aufmerksamkeit stören, denn die Schüler müssen eigentlich lernen, sich trotzdem zu konzentrieren. Bei uns im Kunstunterricht beispielsweise klappt das, da sind alle ganz versunken
Ich fände es wirklich gut, wenn alle mehr Verständnis füreinander zeigen würden, dann würde bald Ruhe einkehren.

Richtig schreiben: Strategien und Regeln kennen

Seite 37

Fragebogen: Kann ich die Strategien und Regeln anwenden?

1 *So sind die Strategiezeichen richtig mit den Erklärungen verbunden:*

zu 1.: Das Strategiezeichen (Verlängern) …  hilft, unklare Laute am Wortende und die Schreibung von Einsilbern zu prüfen.

Das Strategiezeichen (Zerlegen) …  hilft, schwierige Schreibweisen in zusammengesetzten Wörtern zu klären.

Das Strategiezeichen (Ableiten) …  hilft, die Schreibung von e und äu, eu und äu nicht zu verwechseln.

Das Strategiezeichen (Schwingen) …  hilft, der Zuordnung von Lauten und Buchstaben. Meist schreibt man, wie man spricht.

zu 2.: a + b
der Zugbegleiter C – das Land B – der Ballkünstler C – erklären D – der Zwerg B –
der Wind B – die Gemäuer D – gesund B – der Himmel A – die Ernte A – aufräumen D

zu 3.: l**ie**blich, kr**ie**cht, der W**i**nter, z**ie**rt, s**i**ngen, w**ie**gen, der S**ie**bdruck, die Z**ie**lgerade

zu 4.: flie**ß**en, der Flu**ss**, die Flie**ß**geschwindigkeit, drau**ß**en, wi**ss**en,
la**ss**en, die Stra**ß**e, zerrei**ß**en, die Ri**ss**e, der Rei**ß**verschluss, der Bei**ß**zahn, au**ß**erhalb

2 *Gezieltes Training hilft dir, deine Fehlerschwerpunkte zu beheben.*

Strategie 1: Schwingen

Seite 38

1 a + b quergestreift, die Stolpersteine, die Wintertemperaturen, dotterfarben, die Quadratlatschen, nachtschwarz, die Spardose, aquamarinblau, die Sportanlage

2 a + b quer ge streift, die Stol per stei ne, Win ter tem pe ra tu ren, dot ter far ben, die Qua drat lat schen, nacht schwarz, die Spar do se, a qua ma rin blau, die Sport an la ge

c Richtig sind die Aussagen A, C und D, falsch ist Aussage B.

3 A Verletzungsart: Quetschung
B unangenehmes Geräusch: Quietschen
C Wasserbecken für Fische: Aquarium
D Breitenkreis, der die Erde in Nord- und Südhalbkugel teilt: Äquator
E Vielsprecher/-in: Quasselstrippe
F Leckerei aus Früchten: Quittenbrot
G Albernheit/Unsinn: Quatsch
H jemand, der anders denkt als üblich: Querdenker

Strategie 2: Verlängern

Seite 39

1 a + b *Folgende Wörter solltest du angekreuzt haben:*

klug, Bussard, traurig, Leopard, Hund, Krug, rund, mild

2 Richtig sind die Aussagen A und B, falsch ist Aussage C.

3 a + b **Nomen:** die Leoparden, die Hunde, die Krüge
Adjektive: trauriger (als), runder (als), milder (als)

4 a er treibt, er lügt, ihr lebt, sie fragt, es bebt, es nagt

b Richtig sind die Aussagen A und C, falsch ist Aussage B.

c wir lügen, wir leben, wir fragen, wir beben, wir nagen

Strategie 3: Zerlegen

Seite 40

1 a *Diese Wörter solltest du angekreuzt haben:*

Kirschkuchen, Weizenbrötchen, Roggenstange

b + c Sand | kuchen – *denn* sandig; Land | brot – *denn* die Länder, landen;

Wild | braten – *denn* wilder (als); Rind | fleisch – *denn* die Rinder; Kalb | fleisch – *denn* die Kälber

2 a + b die Wild | heit – *denn* wilder (als); die Feind | schaft – *denn* die Feinde, anfeinden;

Klug | heit – *denn* klüger (als); länd | lich – *denn* die Länder;

stand | haft – *denn* die Stände; Kind | heit – *denn* die Kinder;

feind | lich – *denn* die Feinde, anfeinden; rund | lich – *denn* runder (als), die Runde;

schäd | lich – *denn* der Schaden, schaden

Strategie 4: Ableiten

Seite 41

1 die Leute – die Bräute | lecker – der Bäcker
zeugen – säugen | die Kerze – die Härte
das Zeugnis – die Fäulnis | der Erpel – die Äpfel

2 die Bräute – *denn* die **Brau**t; säugen – *denn* **sau**gen; die Fäulnis – *denn* **fau**l, faulen;
der Bäcker – *denn* **ba**cken; die Härte – *denn* h**a**rt; die Äpfel – der **A**pfel

3 Lerne bei Streuselkuchen mit säuerlichen Äpfeln und einem Tässchen aufgeschäumtem Kakao ...
Läuse sind unerfreulich! Räucherkerzen helfen nicht. Bräuchte dringend gute Ratschläge!
Einäugiger unter Blinden träumt von guten Noten auf dem halbjährlichen Zeugnis.

4 säuerlich – *denn* **sau**er, Äpfel – *denn* **A**pfel, Tässchen – *denn* T**a**sse, aufgeschäumt – *denn* Sch**au**m, Läuse – *denn* L**au**s,
Räucherkerzen – *denn* R**au**ch, bräuchte – *denn* br**au**chen, Ratschläge – *denn* Ratschl**a**g, einäugiger – *denn* **Au**ge,
träumt – *denn* Tr**au**m, halbjährlich – *denn* J**a**hr

5 *Merkwörter sind:*
Ähre, Äquator, Ägypten, Ästhetik, Knäuel, Käfer, Käse, fähig, während, bewältigen, Bär, Ärger

Merkwörter mit v und h

Seite 42

1 a Vater, Klavier, Viper, von, vergessen, Vase, vorhaben, brav, Larve, verändern, Veilchen, Vanille, vollbringen, Advent, Violine, November, Kurve, vorn, vielleicht, Pullover, vorläufig, Revolver, Vieh, Vers, viel, bevor, davon

b In allen Wörtern kommt ein **v** vor. Man spricht hier **f** oder **w,** aber man schreibt **v.**

c Advent, bevor, brav, davon, Klavier, Kurve, Larve, November, Pullover, Revolver, Vanille, Vase, Vater, Veilchen, verändern, vergessen, Vers, Vieh, viel, vielleicht, Viper, Violine, vollbringen, von, vorhaben, vorläufig, vorn

2 a kühl, stehlen, Mühle, wohnen, fahren, führen, Uhr, Ohr, berühmt, Jahr, Zahlen

b *Mögliche Wörter aus der Wortfamilie:*

kühl: das Kühlhaus, kühlen, abkühlen
stehlen: Diebstahl, gestohlen, er stiehlt
Mühle: Mahlwerk, Mühlstein, Mühlrad
wohnen: die Wohnung, der Wohnbereich, gewohnt
fahren: der Fahrer, die Fähre, unbefahrbar
führen: geführt, das Führungszeugnis, vorführen
Uhr: das Uhrwerk, uhrlos, der Uhrzeigersinn
Ohr: das Ohrenschmalz, das Öhrchen, langohrig
berühmt: rühmen, der Ruhm, ruhmreich
Jahr: jährlich, das Jahrhundert, verjähren
Zahlen: zählen, zahlungsfähig, einzahlen

3 a + b Der Berufsverkehr führt morgens dazu, dass manche Bus- und Bahnfahrer sehr nervös sind.
Es hilft leider nicht, während der Fahrt ständig auf die Uhr zu schauen, davon wird man nicht schneller.
Wenn man schon keine Wahl hat, sollte man wenigstens einen kühlen Kopf behalten. Für Schüler ist es außerdem nicht sehr gefahrvoll, zu spät zu kommen, denn sie treffen ihre Lehrer in jedem Fall an.

Doppelte Konsonanten

Seite 43

1 a + b offene Silben, geschlossene Silben:

ha ben   haf ten   hal len   der Ha ken   ham peln   die Grif fe   häm mern

die Pfif fe   die Flan ke   al le   al so   der Ham mel   das Al ter   hin ken

2 A ~~kurz~~/lang – B kurz/~~lang~~

3 a + b

A Die erste (betonte) Silbe ist **offen.**	Die erste (betonte) Silbe ist **geschlossen.**	
	B An der Silbengrenze stehen zwei **verschiedene** Konsonanten.	C An der Silbengrenze stehen zwei **gleiche** Konsonanten.
der Ha ken, ho len	die Flan ke, haf ten, ham peln, al so,	die Grif fe, häm mern, die Pfif fe,
	das Al ter, hin ken	der Ham mel, al le

4 A er kam – B die Wand – C er kennt – C hell – B der Held – A er hupt – C es summt

5 Richtig sind die Aussagen A, B und C, falsch ist Aussage D.

Wann schreibt man ie?

Seite 44

1 hin dern   sin gen   his sen   win seln   mis sen   lie gen

schie ben   wis sen   bin den   lin dern   mil dern   schie len

2

erste Silbe offen	**erste Silbe geschlossen, an der Silbengrenze ...** **2 verschiedene Konsonanten**	**2 gleiche Konsonanten**
schie ben, lie gen, schie len	hin dern, sin gen, bin den, lin dern, mil dern, win seln	his sen, mis sen, wis sen
Den Vokal spricht man ~~kurz~~/lang.	Den Vokal spricht man kurz/~~lang~~.	Den Vokal spricht man kurz/~~lang~~.

3 das Kind – denn die Kin der   der Dieb – denn die Die be

das Sieb – denn die Sie be   das Ziel – denn die Zie le

4 a **Zweisilber:** Kino, Kilo, Biber, Primel, Tiger, Bibel, Zivil, Silo
Mehrsilber: Tiramisu, Limonade, Termiten, Pantomime, Zitrone, Apfelsine, Bibliothek, Giraffe

b Aussage A trifft zu, Aussage B nicht. Haben Wörter mehr als zwei Silben und sind nicht zerlegbar, wird das lang gesprochene **i** in der offenen Silbe immer mit **i** geschrieben. Das ist eine Regel.

Wann schreibt man s, wann ss oder ß?

Seite 45

1 a hei ßen, die Va se, grü ßen, die So ße, die Ro se, drau ßen, die Stra ße

b Zutreffend sind die Aussagen B, C und E, nicht zutreffend sind A und D.

2 a die Flüs se, gro ße, wis sen, las sen, gie ßen, sto ßen, die Kas se

b **erste Silbe offen:** gro ße, gie ßen, sto ßen

erste Silbe geschlossen, Konsonant (hier = s) an der Silbengrenze doppelt: die Flüs se, wis sen, las sen, die Kas se

3 Ein stimmhafter (summender) s-Laut wird immer **s** geschrieben.
Hört man einen stimmlosen (zischenden) s-Laut, dann hilft die Strategie „Schwingen", die Schreibung zu klären:
Ist die erste (betonte) Silbe offen und hört man einen langen Vokal oder Diphthong (ei, au), schreibt man **ß**.
Ist die erste (betonte) Silbe geschlossen und hört man einen kurzen Vokal, schreibt man **ss**.

4 er zerrei**ß**t (rei ßen), sie heißt (hei ßen), er verrei**s**t (reis en), sie grü**ß**t (grüß en),

es pa**ss**t (pas sen), sie schmei**ß**t (schmei ßen)

5 Der Fu**ß**baller scho**ss** den Ball mit gro**ß**er Wucht auf das Tor. Weil unser Torwart gedö**s**t hatte, konnte der gegnerische Stürmer das Spiel mit diesem Schu**ss** schlie**ß**lich doch noch zum krönenden Abschlu**ss** bringen. Der Schütze lie**ß** sich ins Gra**s** fallen und nahm den Beifall der rie**s**igen Zuschauermenge genu**ss**voll entgegen. Wir dagegen konnten die hä**ss**liche Niederlage überhaupt nicht genie**ß**en.

Nomen erkennen und großschreiben

Seite 46

Die Nomenproben durchführen

1 a + b

A <u>Zehn ziegen</u> zogen <u>zwanzig schwere säcke</u> <u>zum zug.</u>
Probe 3 — Probe 3 + 2 — Probe 1
Zehn Ziegen zogen zwanzig schwere Säcke zum Zug.

B <u>Zehn zwitschernde zaunkönige</u> machten <u>zwanzig zierlichen zeisigen</u> <u>große konkurrenz</u> <u>im gesang.</u>
Probe 2 + 3 — Probe 2 + 3 — Probe 2 — Probe 1
Zehn zwitschernde Zaunkönige machten zwanzig zierlichen Zeisigen große Konkurrenz im Gesang.

C <u>Faule frösche</u> fressen <u>frische frühlingszwiebeln,</u> aber <u>freche frösche</u> finden <u>muntere fliegen</u> viel besser.
Probe 2 — Probe 2 — Probe 2 — Probe 2
Faule Frösche fressen frische Frühlingszwiebeln, aber freche Frösche finden muntere Fliegen viel besser.

Typische Nomenendungen kennen

1 die Feigheit, der Reichtum, die Einigkeit, die Freiheit, die Freundlichkeit/die Freundschaft, die Heiterkeit, die Eigenheit/die Eigenschaft, die Blindheit, die Frechheit, die Klugheit, die Gleichheit, die Bitternis/die Bitterkeit

Seite 47

Texte überarbeiten: Die Großschreibung prüfen

2 a – c Nomen, Nomen mit Mengenangabe, Nomen mit Adjektiv:

Fischadler in Not
Ich war völlig unvorbereitet, das Adlerweibchen so nah vor mir zu sehen. Es war, als wären die Seen und die Berge und der Himmel tief in ihr verborgen, als wäre sie ein kleiner Teil dieser unermesslichen Landschaft und nicht ein Teilchen könnte ohne sie existieren.
„Nimm dir schnell feste Handschuhe, Callum", sagte Hamish. „Ich brauche jetzt Hilfe."
Ich zog mir die dicken Lederhandschuhe bis zu den Ärmeln hoch und legte meine Hände um die angelegten Flügel des Adlerweibchens. Ich dachte, sie wäre wirklich schwer, aber sie war leicht, viel leichter, als ich erwartet hatte, als sei sie selbst aus Luft geschaffen. Meine Hände zitterten. Ich wollte sie nicht verletzen, aber ich wollte auch den scharfen Krallen nicht zu nahe kommen.
„Sie hat dort oben im Nest drei Eier liegen," sagte Hamish. „Schau sie dir mal an, während ich dieses Zeug aufbaue."
Iona zeigte mir das Foto auf dem Handy. Cremeweiße Eier mit schokoladenbraunen Klecksen lagen da in einem Bett aus weichem Moos.

d *Mögliche Erweiterungen im Sinne der Nomenproben:*
Fischadler (Überschrift): der Fischadler, ein junger Fischadler, zwei Fischadler
Hilfe (Z. 8): die Hilfe, wertvolle Hilfe, viel Hilfe

3 a + b Nomen, Nomen mit typischen Nomen-Suffixen.
Im folgenden Text sind alle Nomen großgeschrieben.

Erste Flugversuche
Wenige Wochen später beobachteten Callum und Iona die Adler erneut. Ein Jungvogel stand am Rand des Horstes und schlug mit seinen mächtigen Flügeln, um den Wind zu prüfen. Er erhob sich aus dem Nest und schwebte knapp darüber. Wir konnten die Ermutigungen hören, die ihm seine Eltern von einem anderen Baum aus zuriefen. Er ließ sich wieder auf den Horst fallen und stand direkt am äußersten Rand. Dann breitete er, als hätte er sich entschieden, die Schwingen aus, stieß sich ab und stürzte sich in die Tiefe, auf den See zu. Ich hielt den Atem an.
Der Jungadler flatterte heftig mit den Flügeln, fing sich und flog in weitem Bogen über die Bäume. Er kreiste und kreiste mit seinen großen Schwingen über den Wald, flatter, flatter, flatter, bemüht, sich in der Luft zu halten. Wir beobachteten, wie er versuchte, auf dem dünnen Zweig eines Baumes in der Nähe des Horstes zu landen, aber der Zweig bog sich unter ihm. Er erhob sich wieder und flatterte zum Horst. Mit seinen langen, schlaksigen Beinen schwankte er in der Luft wie ein Hubschrauber in stürmischem Wetter. Die Landung war schlecht geplant, er krachte ins Nest, setzte sich, plusterte sich auf und brachte seine Federn wieder in Ordnung.

Seite 48

Nominalisierungen erkennen und großschreiben

1/2 a + b Nominalisierte Adjektive, nominalisierte Verben:

In Europa war die Lage für Fischadler bis in die 1950er-Jahre ☐ BEDROHLICH. Sie fingen den Menschen die Fische weg und wurden darum gejagt, bis es nur noch wenige Paare gab. Als man das ☒ BEDROHLICHE der Situation dann erkannte, war bald klar: Man musste die Bestände ☐ SCHÜTZEN, wenn man ein ☒ AUSSTERBEN verhindern wollte. Das ☒ JAGEN wurde eingeschränkt und bestimmte Pflanzenschutzmittel, die unter anderem die Adler schädigten, verboten. Dank des uneingeschränkten ☒ SCHÜTZENS konnten sich die Vögel aufs ☒ NEUE ausbreiten. In Schottland gibt es wieder zahlreiche Brutpaare, aber auch in Deutschland und vielen anderen Ländern in Europa und weltweit. Die Fischadler sind jetzt nicht mehr vom ☒ AUSSTERBEN bedroht.

3 Callum und Iona wissen, dass beim **Beobachten** des Fischadlerpaares Vorsicht und **Geheimhalten** des Brutplatzes wichtig sind, um den Vögeln ungestörtes **Brüten** zu ermöglichen. Die Situation wird jedoch **gefahrvoll,** als das Adlerweibchen sich eines Tages in einer Angelleine verfangen hat. Das Tier hängt bewegungsunfähig in den Ästen der Bäume, die Jugendlichen befürchten **Lebensgefährliches**. Sie bitten Hamish um Unterstützung, der als Ranger im Naturreservat arbeitet. Nach hartnäckigem **Bemühen** gelingt Hamish dann das **Entfernen** der Angelleine. Der Vogel wird wieder gesund und nach **Beringen** des Fußes freigelassen. Callum und Iona beobachten **neugierig,** wie Hamish den Adler außerdem mit einem Satellitensender ausstattet, um seine Flugroute nach Afrika zu **verfolgen.**

Zeichensetzung

Seite 49

1 a A Bubble-Football-Bumperz sind Spaßgeräte, mit denen man auf Rasen, Kunstrasen, Hallenboden und am Strand spielen kann.
B Es gibt sie in verschiedenen Größen für Kinder ab fünf Jahren, für Heranwachsende und für erwachsene Spieler.
C Die Spieler stecken in luftgefüllten Plastikballons. Sie zwängen sich in eine Röhre in deren Mitte(,) und nur ihre Beine schauen heraus.
D Das witzige Spiel ist noch relativ unbekannt, bisher hauptsächlich in Dänemark beliebt, aber soll jetzt auch in Deutschland populärer werden.

b 1 + B, 2 + A, 3 + D, 4 + C

2 a A Ein „richtiger“ Fußballer kann Bälle annehmen, stoppen und weiterspielen.
B Dazu braucht man flinke Augen, wache Ohren und eine ausgezeichnete Körperwahrnehmung.
C Beim Bubble-Football ist das anders: Man ist körperlich durch den ballonartigen Luftsack eingeschränkt, kann eigentlich nur nach oben schauen, aber die Beine hat man frei.
D Damit kann man seinen Gegner überrumpeln, den Ball führen und ins gegnerische Tor schießen.
E Man spielt zuerst gegen den Spieler, man kann robust mit ihm umgehen, man kann ihn schubsen, man kann ihn von den Beinen holen, aber von hinten ist das Schubsen verboten.
F Nach einem Sturz rollt man sich auf die Knie, stemmt sich gegen die Kugel und steht auf.

b Satz A = Regel 2 Satz C = Regel 1 und 3 Satz D = Regel 1

Seite 50

Die Kommasetzung in Satzgefügen

1 a + b
A Quidditch ist ein ungewöhnliches Ballspiel, das in Mannschaften gespielt wird.
B J. K. Rowling, die das Spiel mit fliegenden Besen in ihren Harry Potter-Romanen bekannt gemacht hat, hat dafür ein ganz eigenes Regelwerk entwickelt.
C Nachdem 2005 am Middelbury College in Vermont (USA) von Studierenden die IQA (International Quidditch Association) gegründet wurde, kann man Quidditch nun auch in der realen Welt spielen.

2 1 + A, 2 + C, 3 + B

3 a – c
A 2 Obwohl Quidditch in einigen Ländern durchaus beliebt ist, nimmt den Sport niemand wirklich ernst.
B 1 Leitidee des Spiel ist es, dass Spieler aus zwei Mannschaften aufeinander losgehen und einen Ball im gegnerischen Tor unterbringen. C 1 Das Spiel ist sehr komisch, weil die Spieler den Ball mit einem zwischen die Beine geklemmten Besen fortbewegen müssen. D 1 Das Tor besteht aus einem Hula-Hoop-Reifen, der an einer Eisenstange befestigt ist.
E 2 Da der körperliche Einsatz mitunter ziemlich heftig ist, gehen beim Spiel und beim Training oft einige Besen kaputt.
F 3 Deshalb muss man, wenn man regelmäßig Quidditch spielen will, für ausreichenden Nachschub an Besen sorgen.

4 *Mögliche Satzgefüge:*
A Quidditch ist für Nichtkenner unübersichtlich, weil es mit drei Ballarten und vier Bällen gespielt wird.
B Der Quaffel ist ein hellroter Lederball, der auf die Torringe geworfen wird.
C Wenn man mit dem Quaffel ein Tor erzielt, zählt es zehn Punkte.
D Da man den walnussgroßen Schnatz nur schwer finden kann, bekommt man bei Ballbesitz 150 Punkte.
E Obwohl Weltmeisterschaften darin ausgetragen werden, ist das Spiel als echter Sport wenig bekannt.

Seite 51

Texte überarbeiten: Die Zeichensetzung prüfen

1 *Die Übersicht hilft dir, deine Fehlerschwerpunkte in der Zeichensetzung zu erkennen und sie durch Üben zu beheben.*

2 a + b

A [3] Bei uns schimpfen Fußballer über schlechte Rasenplätze, denn sie rutschen dort aus.

B [3] Beim Sumpffußball in Finnland lacht man darüber, da kann das Wetter nicht schlecht genug sein, auf dem Platz muss es ordentlich matschen.

C [4] Damit das garantiert ist, spielt man in Sumpfgebieten.

D [4] Der Sumpffußball ist in erster Linie eine sehr witzige Angelegenheit, die großen Spaß macht.

E [2] Die Regeln ähneln dem Fußball, aber sie sind den Gegebenheiten angepasst.

F [1] Gespielt wird mit fünf Feldspielern, einem Torwart pro Mannschaft und einem Ball.

G [1] Der Strafraum und das Tor sind kleiner, die Spielzeiten kürzer und die Nachspielzeit dauert zehn Minuten.

H [1] Die wichtigste Regel beim Sumpffußball heißt Bewegung, Bewegung, Bewegung.

I [3] Sonst sinkt man bis zur Hüfte ein(,) und man kommt nicht wieder heraus.

J [4] Dass das Kraft kostet, kann man sich gut vorstellen.

K [2] Auswechseln darf man die Spieler ständig, aber die Schuhe müssen dieselben bleiben.

L [4] Wenn man sie verliert, hat man Pech.

M [3] Auf den traditionellen Spielstätten liegen Hunderte von Schuhen im Morast(,) und keiner findet sie jemals wieder.

3 a Regel **1:** 3 – Regel **2:** 2 – Regel **3:** 4 – Regel **4:** 4
b Zu unterstreichen sind die Sätze I und M.

Besser schreiben und verstehen: Grammatik

Seite 52

Fragebogen: Was weiß ich über Grammatik?

1–3 *Die Regeln der Grammatik zu beherrschen hilft dir, sprachlich bessere Texte zu schreiben. Falls du richtig gut in Grammatik wirst, können sich sogar deine Noten in den Klassenarbeiten verbessern.*

Präpositionen bestimmen den Kasus

Seite 53

2 *Mögliche Erklärung:*

Der Begriff Lügendetektor ist ungenau, weil nicht das Lügen selbst gemessen werden kann, sondern nur Körperreaktionen, die ein Lügen vermuten lassen.

3 *Die Päpositonen, die im Text den Kasus fordern, sind unterstrichen:*

Was wir umgangssprachlich mit ~~den Begriff~~ **dem Begriff** „Lügendetektor" bezeichnen, wird von ~~Wissenschaftler~~ **von Wissenschaftlern** „Polygraph" genannt. Es handelt sich um ~~einen Gerät~~ **ein Gerät,** das bei ~~eine Person~~ **einer Person** während ~~eine Befragung~~ **einer Befragung** bestimmte Daten misst, wie zum Beispiel den Blutdruck, die elektrische Leitfähigkeit der Haut oder die Atmung. Von ~~einen „Lügendetektor"~~ **einem Lügendetektor** zu sprechen, ist nicht korrekt, weil aus ~~die gemessenen Daten~~ **den gemessenen Daten** nur Hinweise auf ~~der Reaktion~~ die Reaktion des Befragten abgeleitet werden können. Die Daten sprechen also nicht direkt für oder gegen ~~der Wahrheit~~ **die Wahrheit** der Aussage. Seit ~~den Jahr~~ **dem Jahr** 1913 gibt es Polygraphen. Damals hatte der Psychologe Vittorio Benussi an ~~die Universität~~ **der Universität** von Graz erstmals einen Apparat gebaut, der die Atmung und den Puls aufzeichnete. 1935 wurde ein Polygraph von Leonard Keeler erstmals in ~~ein Experiment~~ **einem Experiment** getestet.

Seite 54

4 a

Falsch war ...	Kasusfrage	Kasus	Richtig ist also:
um einen Gerät	um wen oder was?	Akkusativ	um ein Gerät
bei eine Person	bei wem?	Dativ	bei einer Person
während eine Befragung	während wessen?	Genitiv	während einer Befragung

b

Präpositionen	*Mögliche weitere Beispiele:*	Diese Präpositionen verlangen
A	durch den Befragten, für den Verteidiger, um die Befragung, gegen besseres Wissen, ohne die Richterin	... den Kasus: **Akkusativ.**
B	mit dem Lügendetektor, nach bestem Wissen, bei jeder Befragung, seit dem Verhör, von einer ersten Aussage, zu der (zur) Verhandlung, außer dem Zeugen, aus den Augen	... den Kasus: **Dativ.**

5 A „wegen" und B „außerhalb" stehen mit dem Genitiv.

6 a A „vor das Fenster" = Richtung (Akkusativ: vor wen? wohin?)
B „vor dem Fenster" = Lage (Dativ: vor wem? wo?)

b Der Kriminalbeamte trat hinter dem / den Mann. (wohin? = Akkusativ)

Pronomen haben immer Bezugswörter

Seite 55

2

	Pronomen bezieht sich auf:
1 Er	ein Lügner
2 dies	dass ein Lügner beim Lügen nervös wird
3 sein	(das Gegenüber) des Lügners
4 es	dass ein Lügner beim Lügen nervös wird
5 sein	(das Nervensystem) des Lügners
6 die	(die) Reaktionen
7 Sie	Reaktionen, die messbar sind
8 dieses	ein leichtes Schwitzen
9 jener	ein erhöhter Puls
10 solcher	(Reaktionen wie) ein erhöhter Puls oder ein leichtes Schwitzen

3 a A „Dieses" bezieht sich immer auf das zuletzt/~~zuerst~~ Genannte.
B „Jenes" bezieht sich immer auf das ~~zuletzt~~/zuerst Genannte.

b A Im Raum waren der Staatsanwalt und der Befragte: **Dieser** war an ein Gerät angeschlossen, ***jener*** saß hinter dem Schreibtisch.
Der Befragte gab zu, ein Fahrrad und eine Geldbörse gestohlen zu haben. **Diese** blieb unauffindbar, aber ***jenes*** wurde an eine Parkuhr gekettet aufgefunden.

Präpositionen, Pronomen und Kasus richtig wählen

Seite 56

1 a + b

Demonstrativpronomen (teils mehrere Möglichkeiten), *Präposition + Wortgruppe im richtigen Kasus:*
Oft beginnt die Befragung mit einem **solchen** Lügendetektor mit einem Tatsachentest. **Dies(es)** ist eine Methode, bei der der Befragte nicht direkt *über die Tat* befragt wird. Die Beamten interessieren sich vielmehr *für das Wissen* des Befragten *über Einzelheiten* des Tatgeschehens. Sie konzentrieren sich *auf Fragen,* die nur der Täter beantworten kann. Erinnert sich der Täter *an bestimmte Gesichtspunkte* der Tat und will **diese/jene** verschweigen, so wird **dieses/das** möglicherweise *durch den Lügendetektor* aufgedeckt. Geschulte Beamte stellen den Befragten *vor die Wahl* zwischen zwei Möglichkeiten. Wer jetzt bewusst die Unwahrheit sagt, wird *von dem (vom) Lügendetektor* meist eindeutig überführt.

2 a + b

sich kümmern **um** [A]	hoffen **auf** [A]	aufpassen **auf** [A]
sich auseinandersetzen **mit** [D]	zufrieden sein **mit** [D]	träumen **von** [D]

Das Passiv erkennen und verstehen

Seite 57

2 Text A steht im **Aktiv.** Text B steht im **Passiv.**

3 Falsch ist die Aussage B.

4 Das Passiv wird meist so gebildet: Personalform von ~~„haben“~~/„werden“ und Partizip II/~~Infinitiv~~ des Verbs.

5 Um sich in der Nacht zurechtzufinden, wird von Fledermäusen eine spezielle Technik verwendet. Von ihnen werden Ultraschalltöne erzeugt, die wir Menschen nicht hören können. Diese Töne werden von Wänden und Gegenständen zurückgeworfen und aus diesem Echo wird von den Fledermäusen berechnet, wo sich die Wand oder der Gegenstand befindet. Diese Erfindung der Natur wurde von den Menschen übernommen. Ultraschall wird von uns auf ähnliche Weise genutzt, etwa als Einparkhilfe. Das Piepsen beim Einparken, das in vielen Autos gehört wird, wird von einem Ultraschallgerät erzeugt, das den Abstand zum nächsten Auto misst.

Seite 58

Das Passiv richtig bilden

1 *Linke Spalte:*
Der Buchdruck wurde von Gutenberg erfunden.

Rechte Spalte:
Passiv: A Die Maschine **wird** bewundert. – B ... **wurde** bewundert. – C ... ist **bewundert** worden.

2 *Passivsätze mit Handlungsträger (also demjenigen, der handelt):*

B 1885 wurde das erste Auto von Carl Benz gebaut.
C 1861 ist der erste Telefonapparat von Philipp Reis gebaut worden.
D 1895 ist das erste Röntgenbild von Conrad Röntgen erstellt worden.
E 1930 wird der erste Fernseher von Manfred von Ardenne gebaut.
F 1938 wird ein Vorläufer des Computers von Konrad Zuse erfunden.

Seite 59

Das Passiv verwenden

1 *Passivsätze ohne Handlungsträger:*
A In Fernost sind viele gehende Roboter wie ASIMO entwickelt worden.
B Der zweibeinige Service-Roboter wird zum Beispiel bei Veranstaltungen als „Empfangsdame“ eingesetzt.
C ASIMO wird als Basismodell für höher entwickelte Roboter gesehen.

2 *Einzufügende Passivsätze:*
Das Gewicht wird beim Laufen von einem Bein auf das andere verlagert.
Robotern wird von Forschern durch eine geschickte Programmierung das Laufen beigebracht.

Seite 60

Mit dem Passiv Zustände oder Vorgänge beschreiben

1 a + b Satz A beschreibt ~~einen Zustand~~/einen Vorgang. Dazu passt Bild **2.**
Satz B beschreibt einen Zustand/~~einen Vorgang.~~ Dazu passt Bild **1.**

2 Das Vorgangspassiv nennt man auch **werden**-Passiv, das Zustandspassiv nennt man auch **sein**-Passiv.

3 a An der Technischen Universität Darmstadt wurden von Professor von Stryk und seinem Team Roboter entwickelt, die Fußball spielen können. Sie sind auf den Mannschaftsport programmiert und werden wie echte Fußballkicker trainiert.

b Dass die Mannschaften gut **vorbereitet sind,** zeigt sich an ihren Erfolgen. Sogar die Weltmeisterschaft der Robotermannschaften **wurde** mehrfach von ihnen **gewonnen.** Aber anders als bei menschlichen Fußballern **werden** die Erfolge von den Robotern nicht ausgelassen **gefeiert.** Die Roboter zieht es nach einem Spiel nur zur Steckdose.

Seite 61

Ersatzformen für das Passiv verwenden

1 a A Damit Roboter beim Laufen nicht umfallen, setzt man ihnen Sensoren ein. B Bei jedem Roboter ist ein solcher Gleichgewichtssensor einsetzbar. C Falls die Balance des Roboters bedroht ist, lässt sich vom Sensor aus ein Signal senden.

b A + 2 – B + 3 – C + 1

2 a + b

A Der orangefarbene Ball wird durch eine Kamera im Roboter erkannt.
sich lassen + Infinitiv: Der orangefarbene Ball lässt sich durch eine Kamera im Roboter erkennen.

B Diese Informationen werden dann über ein Netzsystem an alle Roboter auf dem Feld weitergegeben.
man-Form: Über ein Netzsystem gibt man diese Informationen dann an alle Roboter auf dem Feld weiter.

C Spielfeldmarkierungen und Mitspieler werden auf die gleiche Weise erfasst.
Mögliche Ersatzform:
Verbform von „sein“ + Adjektiv mit der Endung „-bar“: Spielfeldmarkierungen und Mitspieler sind auf die gleiche Weise erfassbar.

Eine Vorgangsbeschreibung überarbeiten

Seite 62 – 63

1 a *Textverbesserung:*

Der Gecko ist ein kleines Reptil. Das Besondere an **diesem** Tier ist **seine** Fähigkeit, auf **allen möglichen** Oberflächen laufen zu können. An **ihren langen flachen** Zehen haben die Geckos nämlich viele winzig kleine Läppchen. **Diese** Haftlamellen sind weich und anschmiegsam. Durch **sie** bekommt der Geckofuß eine riesige Oberfläche, **die** für **eine große,** physikalisch begründete Haftung sorgt.

b *Mögliche Textverbesserung:*

Zurzeit wird von US-amerikanischen Forschern ein Klebeband nach dem Vorbild des Geckofußes entwickelt.
Man benötigt dafür hauchdünne Röhrchen aus Kohlenstoff und einen Klebestreifen.
Die kleinen Röhrchen werden zuerst mit weichen Enden ausgestattet, sodass sie sich gut an jede Oberfläche anschmiegen können.
Die Klebestreifen werden dann mit diesen Röhrchen bestückt.
Der Klebestreifen lässt sich nun an eine Wand kleben, obwohl er keinen Klebstoff enthält.
Damit wird von den Forschern das Prinzip des Geckofußes für eine menschliche Erfindung genutzt.
Mit einem Quadratzentimeter des Gecko-Klebebandes lässt sich ein Gewicht von zehn Kilogramm halten.
So kannst du zum Beispiel deinen Schulranzen an einem kleinen Klebestreifen von einem Quadratzentimeter aufhängen.

2 A + b – B + c – C + a – D + e – E + f – F + d

3 Den Aktivsatz „Der Gecko klebt ohne Klebstoff an der Wand“ kann man nicht in einen Passivsatz umwandeln, weil der Aktivsatz kein **Objekt** enthält, das im Passiv zum **Subjekt** umformuliert werden kann.